М.Н. Шутова

Пособие
по обучению русскому ударению
для изучающих русский язык
как иностранный

МОСКВА
2013

УДК 811.161.1
ББК 81.2 Рус-96
Ш95

Шутова, М.Н.

Ш95   Пособие по обучению русскому ударению для изучающих русский язык как иностранный / М.Н. Шутова. – М.: Русский язык. Курсы, 2013. – 96 с.

ISBN 978-5-88337-297-0

Пособие по обучению ударению адресовано иностранным учащимся, владеющим русским языком в объёме уровней В2–С1. Методическая концепция обучения русскому ударению построена на принципах психолого-педагогической теории поэтапного формирования умственных действий, разработанной П.Я. Гальпериным.

Пособие позволяет систематизировать материал об ударении по отдельным частям речи. Основной упор делается на непроизвольное запоминание и поэтапную деятельность учащихся.

Материал пособия может использоваться на уроках фонетики, если фонетический аспект выделен в курсе практического русского языка, а также на занятиях по грамматике.

ISBN 978-5-88337-297-0

Предисловие

В русском языке большая часть слов (около 96%) имеет неподвижное ударение. Тем не менее, именно слова с подвижным ударением являются наиболее употребительными, составляют базовую лексику. Сдвиг ударения вызывает трудности у иностранных учащихся. Чтобы устранить проблемы, порождённые этими трудностями, необходим корректировочный фонетический курс, включающий занятия по ударению. В данном пособии учащимся предлагается обобщить имеющиеся знания, а также усовершенствовать навыки и умения в области русского ударения.

Кому адресовано пособие

Пособие по обучению ударению рассчитано на иностранных студентов-филологов, владеющих русским языком в объёме **уровней В2–С1**. На этих уровнях обучения русскому языку как иностранному часто требуется коррекция произносительных навыков и систематизация изученного материала (в том числе по ударению).

Когда использовать пособие

Материал пособия может использоваться на уроках фонетики, если фонетический аспект выделен в курсе практического русского языка, или на занятиях по грамматике.

Работа с таким трудным материалом, как русское ударение, должна проводиться под руководством преподавателя, который помогает учащимся сформировать навык определения ударения в русских словах, особенно при его сдвигах в различных словоформах.

Основные цели пособия:

— научить студентов правильно акцентировать русские слова;

— сформировать навык переноса ударения в различных формах слов;

— расширить лексический запас и закрепить некоторые орфографические навыки.

Авторская методика

Пособие построено на принципах психолого-педагогической теории поэтапного формирования умственных действий, разработанной П.Я. Гальпериным[1]. Автор теории выделяет пять таких этапов.

Первый этап – вводно-мотивационный. На этом этапе действие ещё не выполняется, оно только подготавливается: обучаемый знакомится с действием, осмысливает его цель и объект. Составляется схема ООД (ориентировочной основы действия) и анализируются условия его выполнения.

Второй этап – этап материального (материализованного) действия – предполагает подробное изучение теоретического материала с последовательным развёртыванием всех операций, входящих в практическое действие.

Третий – этап речевого действия – предполагает проговаривание вслух практических операций, которые должны не только приобрести речевую форму, но и быть освоенными в ней.

Четвёртый – это этап выполнения речевого действия про себя. Особенность этого этапа заключается в том, что обучаемый, как и на предыдущем этапе, проговаривает весь процесс выполнения действия, но уже про себя, беззвучно; на первых порах это действие мало отличается от речевого, но затем начинает быстро сокращаться и автоматизироваться.

Сокращение и автоматизация действия свидетельствуют о том, что его формирование переходит на *пятый*, заключительный этап. Это этап умственного действия. В сознании происходит превращение речи в «понимание». Теперь схема ООД перенесена в голову учащегося, т.е. интериоризирована. Речевое умение превращается в навык.

По мнению автора пособия, теория Гальперина помогает решить проблему систематизации и полноценного усвоения изучаемого материала.

Используя принцип, предложенный Ю.Г. Лебедевой, автор распределяет учебный материал по частям речи по двум направлениям: а) **постоянное ударение** (на флексии, на суффиксе, на слоге, предшествующем суффиксу); б) **сдвиг ударения** (с основы на флексию и наоборот – с флексии на основу)[2].

---

[1]   Гальперин П.Я. Развитие исследований по формированию умственных действий // Психологическая наука в СССР. – М., 1959. – Т. 1.

[2]   Лебедева Ю.Г. Звуки, ударение, интонация. – М.: Русский язык, 1986.

Ударение рассматривается как **постоянное, неподвижное** только в том случае, если оно во всех формах слова сохраняется на одном и том же слоге одной и той же морфемы: *брат – бра́та – бра́ту... бра́тья – бра́тьев – бра́тьями...* Если же ударение передвигается на один слог хотя бы в одной словоформе, то такие слова следует считать словами с **подвижным** ударением: *стол – стола́ – столу́* и т.д.

Чтобы облегчить запоминание правильного произношения каждой словоформы, необходимо выделить наиболее продуктивные формы словообразования и словоизменения. При этом нужна максимальная унификация, вычленение главного, типичного.

Выведение схемы ООД необходимо производить вместе с учащимися. От того, насколько успешно проходит каждый из этапов работы: исследование, обсуждение, выведение схемы ООД, – зависит усвоение того или иного действия. Преподаватель ориентирует учащихся на формирование алгоритма, который в дальнейшем помогает им быстро определять место ударения в русских словах. То есть в отличие от традиционной тренировки происходит методическое обобщение и свёртывание действия, доведение его до автоматизма в умственном плане при сохранении способности к развёртыванию. При этом нет необходимости что-либо заучивать, потому что наполнение **учебных карт** (которые содержат ООД, представленную в виде обобщающих таблиц) запоминается непроизвольно.

Таким образом, основной упор делается на непроизвольное запоминание и поэтапную деятельность учащихся, управляемую преподавателем, что исключает появление ошибок[1]. Это является особенностью пособия.

Структура пособия

Пособие состоит из четырёх частей. **В первой части** рассматривается ударение в **именах существительных** мужского, женского и среднего рода.

Вторая часть посвящена ударению в **именах прилагательных** – в полной и краткой форме, а также в формах степеней сравнения.

В третьей части представлен материал по обучению ударению в **глаголах** и **глагольных формах** – причастиях и деепричастиях. Необходимость хорошо знать правила ударения в причастиях и деепричастиях возникает, поскольку уровни владения русским языком (В2–С1) позволяют учащимся выступать с сообщениями, рефератами и докладами, т.е. озвучивать письменную речь.

---

[1] Рябова Т.В. О применении концепции управления усвоением в обучении русскому языку иностранцев // Психолингвистика и обучение русскому языку нерусских. – М.: Русский язык, 1977.

5

Четвёртая часть содержит материал для обучения ударению в **слабоударяемых** и **безударных словах** – предлогах, частицах.

Учебная карта представлена в каждой части, предложены алгоритм определения постановки ударения в виде наглядных таблиц и задания на повторение.

Многие задания имеют ключи. Они позволяют студентам и преподавателям проверить правильность ответов в случае возникновения затруднений.

Как работать с пособием

Выполняя **задания 1** и **2** в каждом разделе, учащиеся проходят все стадии формирования понятия об ударении в той или иной части речи (вводно-мотивационный этап). Видя слово, учащийся определяет, где ударение, на какой части слова, постоянное оно или передвигается.

Итог сформированному понятию подводит правило (этап материального действия). Далее идут задания на закрепление материала – упражнения на постоянное ударение (А) и сдвиг ударения (Б).

При затруднениях учащийся может обратиться к **учебной карте**, которая представляет полную ООД в виде схемы, отражающей а) структуру объектов, объединённых в понятие, и б) пооперациональный состав действия по распознаванию или воспроизведению этих объектов.

При необходимости преподаватель возвращает учащихся к выполнению действий на предыдущем этапе, выявляет плохо отработанные звенья, доводит их с помощью упражнений до совершенства, которое обеспечивает оптимальное воспроизведение (раздел **Повторение** в каждой главе).

Письменные задания рекомендуется выполнять дома. Затем эти задания проверяются устно (чтение с правильным ударением) во время аудиторных занятий.

Условные обозначения

Список сокращений

ед. ч. — единственное число
мн. ч. — множественное число
м. р. — мужской род
ж. р. — женский род
ср. р. — средний род
И. п. — именительный падеж
Р. п. — родительный падеж
Д. п. — дательный падеж
В. п. — винительный падеж
Т. п. — творительный падеж
П. п. — предложный падеж
I скл. — первое склонение
III скл. — третье склонение
1 л. — первое лицо
3 л. — третье лицо
I спр. — первое спряжение
II спр. — второе спряжение

Ударение в именах существительных мужского рода

Задание 1. Поставьте ударение в именах существительных мужского рода.

Углом, отца, орлу, у поезда, паспортами, на островах, вынос, медикамент, котёнок, англичанин, командир, машинист, учитель, комендант, выход, рыбак, в саду, словарь, грузин, города, адресат, скрипач, забег, перенос, торгаш (*разг.*), москвич, красавец, рафинад, тигрята, марксизм, коллекционер, на мосту, типаж, компаньон.

Задание 2. Распределите слова из задания 1 по группам в зависимости от места ударения (на приставке, корне, суффиксе, окончании). Слова с постоянным ударением обозначьте буквой **А**, а со сдвигом ударения – буквой **Б**.

Приставка	Корень	Суффикс	Окончание
...	...	...	...

А. Постоянное ударение

Ударение постоянно:

◇ на приставке **вы́-**: вы́ход, вы́нос;

◇ на суффиксах и суффиксальных комплексах: -а́вец, -а́д, -а́ж, -а́нин, -а́нт, -а́т, -е́нт, -и́зм, -и́н, -ионе́р, -и́р, -и́ст, -и́тель, -о́нок(-ёнок), -ьо́н[jо́н]: краса́вец, шокола́д, экипа́ж, англича́нин, коменда́нт, адреса́т, медикаме́нт, маркси́зм, грузи́н, коллекционе́р, команди́р, машини́ст, учи́тель, котёнок, компаньо́н;

Кроме: мно́житель; ба́рин, болга́рин, боя́рин, во́ин, тата́рин, хозя́ин.

Б. Сдвиг ударения

Ударение сдвигается на окончание:

◇ в косвенных падежах ед. и мн. ч., если существительные имеют беглый гласный **-о-**, **-е-**: у́гол – угло́м, оте́ц – отца́, орёл – орлу́;

Кроме: ве́тер, ка́мень, ко́рень, па́рень, ры́нок, у́голь, хло́пок, ла́поть, ко́готь, убы́ток;

◇ во мн. ч. на окончания **-а́-, -о́в, -а́м, -а́ми, -а́х**: го́род – города́, по́езд – поездо́в, дом – дома́м, па́спорт – паспорта́ми, о́стров – на острова́х;

◇ в П. п. ед. ч. односложных существительных на окончание **-у́(-ю́)**: мост – на мосту́, сад – в саду́;

◇ в косвенных падежах ед. и мн. ч., если существительные имеют ударение на суффиксах: **-а́к(-я́к), -а́р(-я́р), -а́рь, -а́ч, -и́ч**: рыба́к – рыбака́, слова́рь – словаре́й, скрипа́ч – скрипачи́, москви́ч – москвиче́й;

Кроме: апте́карь, библиоте́карь, виногра́дарь, ле́карь, па́харь, пе́карь, пи́сарь, ры́царь, то́карь.

Обратите внимание!

Различаются по значению существительные:

меха́ (*выделанные из шкуры зверей*) – мехи́ (*кузнечные*);

пояса́ (*ремни*) – по́ясы (*географические*);

провода́ (*электрические шнуры*) – про́воды (от *провожать кого-либо*);

пропуска́ (*документы*) – про́пуски (*то, что пропущено*);

счета́ (*документы для оплаты*) – счёты (*приспособление для исчислений*);

учителя́ (*преподаватели*) – учи́тели (*основоположники научной теории*) и др.

Возможны две формы:

ве́тры – ветра́,

го́ды – года́,

проже́кторы – прожектора́.

Окончание **-а(-я)** свойственно разговорной речи.

А. Постоянное ударение

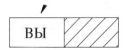

Задание 3. Образуйте возможные существительные мужского рода с помощью приставок: **вы- за-, до-, по-, от-, при-, про-, пере-** от корней: **-ход-, -каз-, -лет-, -лив-, -бор-.** Следите за ударением.

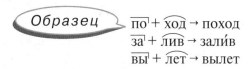

Образец

по́ + ход → поход
за́ + лив → зали́в
вы́ + лет → вылет

Задание 4. Вместо точек вставьте в предложения слова, данные справа. Прочитайте предложения вслух, следите за ударением.

Надо сделать	вылет
Вход и ... закрыты.	выход
... откладывается на три часа.	выбор

Задание 5. Вставьте в предложения подходящие по смыслу существительные. Прочитайте предложения вслух, правильно акцентируя существительные мужского рода.

1. Мне подарили большой ... шоколадных конфет. 2. Я не принимаю вашего ... . 3. Персидский ... мы видели два года назад. 4. Сделайте мне прямой ... . 5. По подземному ... вы можете перейти на другую сторону улицы.

Слова для справок: отказ, набор, залив, переход, пробор.

СУФФИКС

Задание 6. Дополните ряды существительных своими примерами. Прочитайте примеры вслух, следите за ударением.

-а́вец – красавец _____

-а́д – лимонад _____

-а́ж – типаж _____

-а́нин – горожанин _____

-а́нт – музыкант _____

-а́т – адресат _____

-а́та(-я́та) – котята _____

-е́нт – ассистент _____

-и́зм – социализм _____

-ионе́р – революционер _____

-и́н – осетин _____

-и́р – бригадир _____

-и́ст – велосипедист _____

-и́тель – представитель _____

-о́н – компаньон _____

Задание 7. Вспомните названия детёнышей животных. Составьте словосочетания по образцу и прочитайте их вслух. Помните, что ударение стоит на суффиксе **-о́нок(-ёнок)**.

Образец лошадь → жеребёнок → лошадь с жеребёнком

Волк, гусь, заяц, коза, корова, кошка, курица, лев, лиса, овца, слон, тигр, утка.

Задание 8. Образуйте от существительных, данных в скобках, форму именительного падежа множественного числа. Поставьте ударение и прочитайте предложения вслух.

1. (Лисёнок) играли на поляне. 2. В мышеловку попали (мышонок). 3. С кочки на кочку по болоту скакали (зайчонок). 4. (Волчонок) спрятались в овраге. 5. На лугу бегали (жеребёнок). 6. За наседкой торопливо бежали (цыплёнок).

Б. Сдвиг ударения

Задание 9. Образуйте форму родительного падежа единственного числа существительных. Следите за ударением, которое передвигается на окончание.

Земля́к, столя́р, слова́рь, кули́ч, скрипа́ч.

Задание 10. Образуйте форму именительного падежа множественного числа существительных. Прочитайте вслух.

Го́лос, го́род, ве́чер, бе́рег, ку́пол, но́мер, о́стров, па́рус, па́спорт, по́езд, о́круг, дом, край, лес, луг, рог, бок, снег, сорт.

Задание 11. Употребите слова, данные в скобках, в правильной форме и прочитайте предложения вслух.

1. В России красивые (город). — Озеро расположено недалеко от (город). 2. Часть (остров) покрыта лесом. — В заливе каменистые (остров). 3. Утренние (поезд) приходят с опозданием. — У (поезд) стояли какие-то люди. 4. Позови (доктор). — В этой больнице квалифицированные (доктор). 5. В январе наступили (холод). — Я не боюсь ни мороза, ни (холод).

Задание 12.  Образуйте форму предложного падежа единственного числа с предлогом **в (на)**. Составьте и прочитайте вслух предложения с полученными формами.

Образец   бой — в бою́

Бок, ве́тер, долг, край, лес, луг, мост, нос, пост, ряд, сад, стог, ход, шкаф.

Задание 13. Образуйте формы родительного падежа единственного числа и именительного падежа множественного числа существительных. Прочитайте вслух, следите за ударением.

Образец   бое́ц — бойца́ — бойцы́

Посо́л, у́гол, продаве́ц, потоло́к, песо́к, дворе́ц, порошо́к, кусо́к.

Задание 14. Ответьте на вопросы, используя слова, данные справа, в правильной форме. Следите за ударением.

Что нужно сделать, если у вас высокая температура?	посол
Где работает садовник?	дворец
Кто работает в магазинах?	сад
Почему нет приёма в посольстве?	доктор
Что вы видели в Петергофе?	продавец

Задание 15. Поставьте ударение в существительных мужского рода и прочитайте текст вслух.

Подлинным хозяином на островах является курильский бамбук. От зимних ветров и морозов он укрывается под снегом. В долинах рек и в кратерах потухших вулканов, где снега особенно много, заросли бамбука достигают трёхметровой высоты. У курильского бамбука полый, упругий ветвистый стебель. Бамбук вытесняет из своих владений все растения, кроме кедрового стланика. Он, как и бамбук, с наступлением зимы пригибается к земле и прячет свои ветви под снегом.

(В. Михин)

Задание 16. Прочитайте слова песен вслух, найдите существительные мужского рода с подвижным ударением, объясните правило сдвига ударения.

***

В ярком злате святых куполов
Гордо множится солнечный лик,
С возвращеньем двухглавых орлов
Продолжается русский язык.
Москва — звонят колокола,
Москва — златые купола,
Москва — по золоту икон
Проходит летопись времён.

(О. Газманов)

***

Города, где я бывал,
По которым тосковал,
Мне знакомы от стен и до крыш.
Снятся людям иногда
Их родные города,
Кому Москва, кому Париж.

(Л. Куклин)

***

Холода наши души не тронут,
Нашей ночи не стать холодней.
Кто сказал, что в любви есть законы,
Ничего тот не знает о ней...

(Л. Рубальская)

14

Ударение в именах существительных женского рода

Задание 17. Поставьте ударение в существительных женского рода.

Бумаги, дорогам, страны, у сестры, руку, на площадях, статьи, новизна, простота, переэкзаменовка, культура, заслуга, областей, колоннада, мебель, о смертях, мелочей, капель, беготня, зимы, голову.

Задание 18. Распределите слова из задания 17 по группам в зависимости от места ударения (на корне, суффиксе, окончании). Слова с постоянным ударением обозначьте буквой **А**, а со сдвигом ударения – буквой **Б**.

Корень	Суффикс	Окончание
...	...	...

А. Постоянное ударение

Ударение постоянно:

◊ на основе существительных I скл.: бума́га, доро́га, кни́га;
Кроме: дере́вня, до́ля;

и существительных м. р. на **-а(-я)**: па́па, дя́дя, ю́ноша;

◊ на основе существительных III скл., оканчивающихся на **-ь**: кре́пость, пло́щадь, две́рь;

◊ на суффиксах и суффиксальных комплексах: **-а́виц, -а́д, -а́нк(-я́нк), -а́ция[ацыј], -е́ль, -о́вк(-ёвк), -у́г(-ю́г), -у́р, -фика́ция[цыј]**: краса́вица, колонна́да, стоя́нка, демонстра́ция, мете́ль, переэкзамено́вка, заслу́га, культу́ра, электрифика́ция;
Кроме: ме́бель, ги́бель, о́ттепель;

◊ на окончании существительных ж. р., имеющих суффиксы: **-б, -изн, -от, -отн**: ходьба́, новизна́, простота́, беготня́;
Кроме: про́сьба, сва́дьба.

Б. Сдвиг ударения

Ударение сдвигается:

◇ с окончания на основу у существительных I скл. во мн. ч. и в В. п. ед. ч.: страна́ – стра́ны, зима́ – зи́мы; рука́ – ру́ку, голова́ – го́лову;
Кроме: скамья́ – скамьи́ – скамью́, статья́ – статьи́ – статью́
и некоторых слов с предлогом: за́ руку, на́ ногу, по́д гору;

◇ с основы на окончание у существительных III скл. в косвенных падежах мн. ч.: пло́щадь – на площадя́х, смерть – о смертя́х, ме́лочь – мелоче́й, о́бласть – областе́й;
Кроме: ладо́нь – ладо́ней.

А. Постоянное ударение

СУФФИКС

Задание 19. Дополните ряды существительных своими примерами. Прочитайте примеры вслух, следите за ударением.

-а́виц – красавица _____

-а́д – бригада _____

-а́нк(-я́нк) – горожанка _____

-а́ция – демонстрация _____

-е́ль – капель _____

-о́вк(-ёвк) – листовка _____

-у́г(-ю́г) – заслуга _____

-у́р – культура _____

-фика́ция – электрификация _____

16

Задание 20. Просклоняйте существительные. Помните, что ударение стоит на окончании.

Красота́, доброта́, толкотня́, беготня́, новизна́, желтизна́, пальба́, ходьба́.

Б. Сдвиг ударения

Задание 21. Образуйте форму множественного числа существительных, следите за ударением.

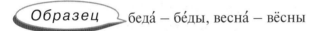 беда́ — бе́ды, весна́ — вёсны

Вода́, война́, глава́, гроза́, душа́, жена́, зима́, земля́, игла́, игра́, лиса́, метла́, нога́, река́, рука́, семья́, сестра́, спина́, стена́, страна́, судьба́, трава́, труба́, цена́.

Задание 22. Прочитайте словосочетания вслух, следите за ударением в существительных.

Полноводные реки — дом у реки, высокие скалы — упал со скалы, разные судьбы — урок судьбы, золотые руки — не подал руки, олимпийские игры — устал от игры в теннис, вешние воды — стакан воды, высокие цены — нет цены, азартные игры — начало игры.

Задание 23. Употребите слова, данные в скобках, в правильной форме. Прочитайте предложения вслух, следите за ударением в существительных.

1. Выпей эту (вода). 2. Отрастил длинную (борода). 3. Не садись на (земля). 4. Повесь часы на (стена). 5. Отморозил (щека). 6. Вытри (доска). 7. Я люблю (зима). 8. Положи компресс на (голова). 9. Наступил на (нога).

Задание 24. Поставьте ударение в выделенных словах, прочитайте предложения вслух, правильно акцентируя существительные.

1. Произнесено много **речей**. 2. Магазин «Тысяча **мелочей**». 3. Семи **смертям** не бывать, а одной не миновать. 4. В прикаспийских **степях** много природных **солей**. 5. Несколько **повестей** было напечатано в журналах. 6. Мы поехали за её **вещами**. 7. У него были хорошие знания в разных **областях**. 8. Он часто думал о своих **ролях**. 9. На **ветвях** сидело множество птиц. 10. Мы сменили **лошадей** и быстро поехали дальше.

Задание 25. Поставьте ударение в существительных женского рода, прочитайте текст вслух.

Городской человек редко встречается с землёй. Земля скрыта от его глаз каменными плитами, застывшей лавой асфальта. Городской человек не знает, чем пахнет земля, как она дышит в разные времена года, как страдает от жажды. Как рожает хлеб. Он не ощущает, что вся его жизнь, его благополучие зависит от земли. А иногда боится земли, как смутной незнакомой стихии. И тогда в душе затихает необходимое, естественное чувство сыновней любви к земле.

(*Ю. Яковлев*)

Задание 26. Прочитайте слова песен вслух, найдите существительные женского рода с подвижным ударением, объясните правило сдвига ударения.

***

Перебирая строки, будто струны,
Я слышу фальшь почти как музыкант.
Не могут все превратности фортуны
Украсить ложью истинный талант.

(*Н. Полещук*)

***

На ладонях твоих площадей
Проходили колонны бойцов.
Погибая во имя детей,
Шли в бессмертье во славу отцов.

(*О. Газманов*)

***

Летят перелётные птицы
В осенней дали голубой,
Летят они в жаркие страны,
А я остаюся с тобой.
А я остаюся с тобою,
Родная навеки страна!

(*М. Исаковский*)

Ударение в именах существительных среднего рода

Задание 27.   Поставьте ударение в именах существительных среднего рода.

Управление, сердечко, страдание, правило, кольцам, письмишко, жилище, племенами, первенство, доверие, веселье, богатство, ушами, следствие, солнышко, перья, времена, дела, развитие, очей, яблоко, правительство.

Задание 28.   Распределите слова из задания 27 по группам в зависимости от места ударения (на корне, суффиксе, окончании). Слова с постоянным ударением обозначьте буквой **А**, а со сдвигом ударения – буквой **Б**.

Корень	Суффикс	Окончание
...	...	...

А. Постоянное ударение

Ударение постоянно:

◇ на суффиксах: **-а́ни, -е́ни, -е́чк, -и́шк, -и́щ**: страда́ние, стремле́ние, серде́чко, письми́шко, жили́ще;

Кроме: наме́рение, упро́чение, озву́чение, кла́дбище, па́стбище, ле́жбище;

◇ на корне (на слоге, предшествующем суффиксу) существительных ср. р., имеющих суффиксы и суффиксальные комплексы: **-енств, -ие[иjь], -ствие[иjь], -ств, -тельств, -ти, -ье[jь], -ышк**: пе́рвенство, дове́рие, сле́дствие, бога́тство, прави́тельство, разви́тие, весе́лье, со́лнышко;

◇ на основе многих существительных ср. р.

Кроме 25 слов, в которых ударение передвигается на окончание во мн. ч.: де́ло – дела́, во́йско – войска́, ме́сто – места́, мо́ре – моря́, о́блако – облака́, по́ле – поля́, пра́во – права́, се́рдце – сердца́, сло́во – слова́ и т.д.

Б. Сдвиг ударения

Ударение сдвигается:

◇ на основу во мн. ч. во всех падежах существительных, имеющих ударение на окончании **-о́(-е́)**: окно́ – о́кна, стекло́ – стёкла, ребро́ – рёбра;

Кроме: плечо́ – пле́чи;

◇ на окончание во мн. ч., если существительное имеет ударение на основе: мо́ре – моря́, по́ле – поля́;

Кроме: плечо́, плече́й, плеча́м;

кре́сло, бла́го; в том числе и у существительных на **-мя**: вре́мя – времена́, пле́мя – племена́, стре́мя – стремена́;

зна́мя – знамёна;

◇ на последний гласный основы в Р. п. мн. ч.: зе́ркало – зерка́л, чу́до – чуде́с;

Кроме: кру́жево – кру́жев;

◇ на окончание в существительных о́ко и у́хо в формах косвенных падежей мн. ч.: оче́й, уше́й, оча́м, уша́м.

А. Постоянное ударение

Задание 29. Дополните ряды существительных своими примерами. Прочитайте примеры вслух, следите за ударением.

-а́ние – страдание _____

-е́ние – падение _____

-е́чко – словечко _____

-и́шко – письмишко _____

-и́ще – жилище _____

Задание 30. Образуйте существительные от глаголов с помощью суффиксов -ани(-ени). Прочитайте вслух, следите за ударением.

Образец двигаться – движе́ние

Направля́ться, объединя́ться, поздравля́ть, страда́ть, сверга́ть, стреми́ться, тормози́ть, угнета́ть, указа́ть.

Задание 31. Дополните ряды существительных своими примерами. Прочитайте примеры вслух, следите за ударением.

-енство – первенство _____

-ие – согласие _____

-ствие – препятствие _____

-ство — братство _____

-тельство — правительство _____

-тие — развитие _____

-ье — взморье _____

-ышко — крылышко _____

Б. Сдвиг ударения

Задание 32. Образуйте форму множественного числа существительных, следите за ударением.

Образец войско — войска́

Де́ло, мо́ре, ме́сто, пра́во, по́ле, сло́во, се́рдце, те́ло.

Задание 33. Поставьте ударение в существительных и прочитайте словосочетания вслух.

Голубые небеса, танковые войска, зелёные поля, добрые сердца, северные моря, наши права, свободные места, неотложные дела, загорелые тела, жестокие слова.

Задание 34. Поставьте существительные на **-мя** в дательный падеж множественного числа. Помните, что ударение стоит на окончании.

Образец и́мя — имена́м

Вре́мя, пле́мя, се́мя, зна́мя, стре́мя.

Задание 35. Поставьте ударение и прочитайте вслух пары слов.

Бедро́ – бёдра, ведро́ – вёдра, гнездо́ – гнёзда, зерно́ – зёрна, лицо́ – ли́ца, окно́ – о́кна, письмо́ – пи́сьма, пятно́ – пя́тна, ребро́ – рёбра, село́ – сёла, число́ – чи́сла, яйцо́ – я́йца.

Задание 36. Образуйте форму множественного числа существительных, следите за ударением. Составьте словосочетания.

Вино́, письмо́, пятно́, лицо́, стекло́, село́, перо́, окно́, весло́, яйцо́.

Задание 37. Употребите слова, данные в скобках, в правильной форме. Прочитайте предложения, следите за ударением.

1. Большие (окно) выходили во двор. – Девушка стояла у (окно). 2. Получила хорошие (письмо) от подруги. – Нет ни одного (письмо) от родителей. 3. Рядом с моим городом нет (море). – Учёный обследовал южные (море). 4. Под зонтиком я не увидел (лицо). – Всюду приветливые (лицо). 5. На блузке остались (пятно). – На бумаге не было никакого (пятно).

Задание 38. Поставьте ударение в существительных среднего рода, прочитайте текст.

У заболоченных берегов озера тундра оголилась, только кое-где белеют и блестят на солнце пятна снега. Движимое силой инерции огромное ледяное поле напирает на берега. Ещё крепко держит ноги скованная ледяным панцирем мерзлота. Лёд в устье рек и речонок долго будет стоять, а озеро очистится дней через десять. У медленно тающих ледничков скоро начнут оживать и цвести растения. Разноцветные пятна тут и там украсят поля тундры.

(По И. Соколову-Микитову)

23

Задание 39. Прочитайте слова песен вслух, найдите существительные среднего рода с подвижным ударением, объясните правило сдвига ударения.

***

От героев былых времён
Не осталось порой имён,
Те, кто приняли смертный бой,
Стали просто землёй, травой...

(Е. Агранович)

***

Гляжу в озёра синие,
В полях ромашки рву ...
Зову тебя Россиею,
Единственной зову ...

(И. Шаферан)

***

Вот опять небес темнеет высь,
Вот и окна в сумраке зажглись.
Здесь живут мои друзья, и, дыханье затая,
В ночные окна вглядываюсь я.

(М. Матусовский)

Учебная карта 1

Ударение в именах существительных

ОПЕРАЦИОНАЛЬНЫЙ СОСТАВ

ИМЯ СУЩЕСТВИТЕЛЬНОЕ: род, падеж, число.
УДАРЕНИЕ: на приставке, на суффиксе, перед суффиксом, на окончании.

А. Постоянное ударение

Мужской род	Женский род	Средний род
На приставке **вы-**		
		Перед суффиксами и суффиксальными комплексами: **-енств, -ие[иj], -ствие[иjь], -ств, -тельств, -ти, -ышк, -ье[jь]**
На суффиксах и суффиксальных комплексах: **-а́вец, -а́д, -а́ж, -а́нин, -а́нт, -а́т, -е́нт, -и́зм, -ионе́р, -и́р, -и́ст, -и́тел, -и́н, -о́нок (ёнок), -ьо́н[jо́н]** *Кроме:* мно́житель, ба́рин, болга́рин, боя́рин, во́ин, тата́рин, хозя́ин	На суффиксах и суффиксальных комплексах: **-а́виц, -а́д, -а́нк(-я́нк), -а́ци, -е́ль, -о́вк(-ёвк), -у́г(-ю́г), -у́р, -фика́ция[цыjа]** *Кроме:* ме́бель, ги́бель, о́ттепель	На суффиксах: **-а́ни, -е́ни, -е́чк, -и́шк, -и́щ** *Кроме:* наме́рение, упро́чение, озву́чение
	На окончании: **-б-а́, -изн-а́, -от-а́, -отн-я́** *Кроме:* про́сьба, сва́дьба	

25

Б. Сдвиг ударения

Мужской род	Женский род	Средний род
С суффиксов **-а́к(-я́к), -а́р(-я́р),-а́рь, -а́ч, -а́ш, -и́ч** на окончание при склонении *Кроме:* апте́карь, библиоте́карь, виногра́дарь, ле́карь, па́харь, пе́карь, пи́сарь, ры́царь, то́карь		
С основы на окончание: ◆ в косвенных падежах ед. и мн. ч. существительных с беглой гласной **-о́-(-е́-)** *Кроме:* ве́тер, ка́мень, ко́рень, па́рень, ры́нок, у́голь, хло́пок; ла́поть, ко́готь, убы́ток ◆ во мн. ч. на окончание **-а́, -о́в, -а́м, -а́ми,-а́х** ◆ в П. п. ед. ч. на окончание **-у́(-ю́)**	С основы на окончание в косвенных падежах ед. и мн. ч. существительных III скл. *Кроме:* ладо́нь	С основы на окончание: ◆ во мн. ч. *Кроме:* кре́сло, бла́го ◆ во мн. ч. существительных на **-мя** *Кроме:* зна́мя
	С окончания на основу: ◆ во мн. ч. ◆ в В. п. ед. ч. без предлога *Кроме:* скамья́, статья́	С окончания на основу во мн. ч. *Кроме:* о́ко, у́хо

Повторение

Задание 40. Вставьте в правильной форме слова, данные справа. Прочитайте предложения вслух, следите за ударением.

1. Это ... для меня человек. — Туристы идут узкой ... .

дорогой

2. Дорога привела к ... . — Не могу подобрать ключ к этому ... .

замок

3. Я ... руки. — Не бери ... тетрадь.

мою

4. Надо прибить эти ... . — Здесь расположены танковые ... .

полки

5. Это большое русское ... . — Солнце ... за тучи.

село

6. Выпей эту ... . — В ведре нет ... . — Ещё в полях белеет снег, а ... уж весной шумят.

вода

7. Он не подал ... . — ..., вы словно две большие птицы. — Чужую беду ... разведу. — Рука ... моет. — Дай мне ... . — Возьми меня за ... .

рука

8. Я часто получаю ... . — Это ... принесли мне вчера. — Я не люблю писать ... . — У ... нет адресата.

письмо

9. На рынке всегда свежие ... . — На выставке я видел ... Фаберже. — Эта птица всегда сидит на ... . — Яичница из четырёх ... .

яйцо

10. У пассажира не было ... . — Предъявите ваши ... . — Коробка с ... стояла на столе. — Мы совсем забыли о визе в ... .

паспорт

11. В ... было темно и тихо. — Часть ... заросла кустарником. — В Сибири сплошные ... . — В диких ... водятся редкие звери.

лес

12. В горах Кавказа много ... . — ... парят очень высоко. — На гербе России издавна были двуглавые ... . — В небе мы заметили ... .

орёл

13. Не бери много ... . — К таким ... надо относиться серьёзно. — Собери свои ... . — Я очень дорожу этой ... .

вещь

Задание 41. Перепишите, раскрывая скобки. Употребите существительные в форме множественного числа. Поставьте ударение и прочитайте словосочетания, правильно акцентируя существительные.

Заграничные (паспорт), коллективные (договор), опытные (доктор), предстоящие (выбор), молодые (офицер), известные (профессор), вновь назначенные (директор), искусные (повар), новые (сорт) пшеницы, сторожевые (катер).

Задание 42. Перепишите, вставляя в предложения подходящие по смыслу существительные. Поставьте ударение в этих существительных и прочитайте предложения.

1. Все рабочие собрались на ... отъезжающих. – Тихо гудели телеграфные... (провода, проводы). 2. Корректор заметил в рукописи ... букв. – Работникам завода выдали новые ... (пропуска, пропуски). 3. У доски стояли большие деревянные ... . – Представленные ... надо оплатить в срок (счета, счёты). 4. Чуть шелестят ... на деревьях. – На полке лежали ... картона (листы, листья). 5. Заболели ... . – У шестерни сломались ... (зубья, зубы). 6. Дома в посёлке были окрашены в яркие ... . – На окне стояли ... (цвета, цветы). 7. В школе работают опытные ... (учители, учителя).

Задание 43. Перепишите, употребив существительные, данные в скобках, в нужном падеже. Прочитайте предложения вслух, следите за ударением.

1. До поры до (время) не сеют (семя). 2. Татьяна трепетала при одном (имя) барыни. 3. Всякая работа трудна до (время), пока её не полюбишь. 4. Плывут (знамя) на парад. 5. Вьются флаги у ворот, (пламя) пылают. 6. Миллионы (семя) летят с дерева, и только немногие из них прорастают. 7. Он освободил ногу из (стремя) и слез с лошади. 8. Шёл под красным (знамя) командир полка.

Задание 44. Найдите существительные с подвижным ударением, объясните правило сдвига ударения. Прочитайте текст вслух.

Я не помню, когда я научился ходить, зато помню, когда научился плавать. Воспитывали меня коллективно. Дом наш всегда был полон всякими двоюродными братьями и сёстрами. Они спускались с гор, приезжали из окрестных деревень поступать в школы и техникумы и, поступая, проходили сквозь наш довольно тусклый дом, как сквозь тоннель. Среди них было немало забавных и интересных людей, некоторых я любил, но море мне всё-таки нравилось больше, и поэтому я удирал к нему, когда только мог.

Летом море было ежедневным праздником. Бывало, только выйдем с ребятами со двора, а уже какое-то радостное волнение окрыляет шаги – быстрей, быстрей! Через весь город бежали на свидание с морем. Конец улицы упирался в серую крепостную стену. За стеной – море. Крепость как бы пытается закрыть от города море, но ей плохо удаётся. Запах моря, всегда мощный и свежий, спокойно и даже насмешливо проходит сквозь каменную стену.

(Ф. Искандер)

Задание 45. Подчеркните существительные с подвижным ударением, объясните правило сдвига ударения. Прочитайте тексты песен вслух.

***

Пусть смех детей и первый ливень мая,
Леса, озёра, горы и поля
Несёт в себе планета голубая
С таким прекрасным именем — Земля.

(Н. Полещук)

***

Мимо белого яблока луны,
Мимо красного яблока заката
Облака из неведомой страны
К нам спешат и бегут опять куда-то.
Облака — белокрылые лошадки,
Облака — что вы мчитесь без оглядки.

(С. Козлов)

***

Обручальное кольцо —
Не простое украшенье.
Двух сердец одно решенье —
Обручальное кольцо.

(М. Рябинин)

***

Главное, ребята, сердцем не стареть.
Песню, что придумали, до конца допеть.
В дальний путь собрались мы, а в этот край таёжный
Только самолётом можно долететь.
А ты улетающий вдаль самолёт
В сердце своём сбереги.
Под крылом самолёта о чём-то поёт
Зелёное море тайги.

(С. Гребенников, Н. Добронравов)

УДАРЕНИЕ В ИМЕНАХ ПРИЛАГАТЕЛЬНЫХ

Задание 1. Поставьте ударение в именах прилагательных.

Золотой, старый, виновный, худой, трудолюбивый, прямой, узкий, синеватый, сердитый, пенсионный, рогатый, мила, полезен, дорога, звонче, красивее, узорчатый, кругла, дружен, добры, крепчайший, старательный, беленький, молода, сыты, талантливый, студенческий, младший, болен, остра, холост.

Задание 2. Распределите слова из задания 1 по группам в зависимости от места ударения (на корне, суффиксе, окончании). Слова с постоянным ударением обозначьте буквой **А**, а со сдвигом ударения – буквой **Б**.

Корень	Суффикс	Окончание
...	...	...

А. Постоянное ударение

Ударение постоянно:

◇ на окончании **-ой**: золото́й, худо́го, прямо́й;

◇ на суффиксах и суффиксальных комплексах: **-а́в(-я́в), -а́льн, -а́нск(-я́нск), -а́рн(-я́рн), -а́ст, -а́т, -ацио́нн, -а́ч(-я́ч), -и́в, -и́вн, -и́йск, -и́стск, -и́т, -и́ческ, -и́чн, -о́в, -ова́т(-ева́т), -ови́т, -о́вн, -она́льн, -о́нн, -цио́нн**: дыря́вый, норма́льный, крестья́нский, янта́рный, губа́стый, рога́тый, авиацио́нный, щеня́чий, лени́вый, спорти́вный, олимпи́йский, большеви́стский, знамени́тый, истори́ческий, энерги́чный, парчо́вый, зеленова́тый, ядови́тый, вино́вный, национа́льный, пенсио́нный, революцио́нный;

◇ перед суффиксами и суффиксальными комплексами: **-ев, -еньк (-оньк), -лив, -н, -тельн, -чат, -еск, -чив, -ш**: гру́шевый, пло́хонький, ни́зенький, тала́нтливый, зи́мний, стара́тельный, узо́рчатый, студе́нческий, вспы́льчивый, мла́дший.

◇ В краткой форме ср. р. сохраняется ударение м. р.: ста́рый – стар – ста́ро;
Кроме: горячо́, легко́, равно́, светло́, смешно́, темно́, тепло́, тяжело́, хорошо́.

◇ Некоторые прилагательные в краткой форме ср. р. имеют два варианта ударения: бело́ – бе́ло, умно́ – у́мно, черно́ – чёрно, мало́ – ма́ло, полно́ – по́лно.

◇ В сравнительной степени прилагательных суффикс **-е-** всегда безударный: вы́ше, ти́ше, да́льше, ни́же, про́ще.

◇ Если краткая форма ж. р. прилагательных имеет ударное окончание **-а́**, то сравнительная степень прилагательного имеет ударный суффикс **-е́е-**: красна́ – красне́е, умна́ – умне́е.

◇ Если в краткой форме окончание **-а** безударно, то в сравнительной степени ударение сохраняется на том же слоге, что и в полной: краси́ва – краси́вее, поле́зна – поле́знее;
Кроме: здоро́ва – здорове́е.

◇ В превосходной степени суффикс **-а́йш-** всегда ударный, суффикс **-е́йш-** будет ударным, если ударение стоит на суффиксе **-е́е-** в сравнительной степени прилагательного: высоча́йший, нижа́йший; сильне́е – сильне́йший, здорове́е – здорове́йший.

Б. Сдвиг ударения

Ударение сдвигается:

◇ в краткой форме м. р. от прилагательных с окончанием **-о́й** на предыдущий слог (на основу): больно́й – бо́лен, молодо́й – мо́лод;
Кроме: смешно́й – смешо́н, хмельно́й – хмелён;

◇ в прилагательных с односложной основой в краткой форме ж. р. на окончание **-а́**: бе́лый – бел – бела́, до́брый – добр – добра́;
Кроме: бу́рна, вздо́рна, ве́чна, вла́стна, жёлчна, зно́йна, лжи́ва, ле́стна, ло́жна, пра́здна.

А. Постоянное ударение

Задание 3. Поставьте ударение в прилагательных. Прочитайте вслух, помните, что ударение стоит на окончании **-ой**.

Прежний, средний, основной, морской, правовой, зимний, нижний, утренний, слепой, глухой, крайний, больной, прямой, чужой.

Задание 4. Прочитайте предложения, следите за ударением в прилагательных.

1. Морской ветер колыхал зеленоватые волны. 2. Приветливый старичок встретил нас ранним весенним утром. 3. Золотой закат догорал вдали. 4. Мы приближались к нефтяным вышкам. 5. Пришёл самый поздний вечерний поезд. 6. Домашнее задание было очень лёгким. 7. Кто-то чужой подошёл к моей машине. 8. Утренняя прохлада освежила меня. 9. Слепой музыкант сидел на земле и играл. 10. Вот моя деревня, вот мой дом родной, вот качусь я в санках по горе крутой.

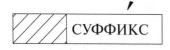

Задание 5. Поставьте ударение в прилагательных и составьте с ними словосочетания.

Звериный, соловьиный, буддийский, английский, больничный, клубничный, вихрастый, скуластый, ядовитый, плодовитый, грубоватый, низковатый, беловатый, дырявый, кудрявый, бродячий, виновный, энергичный, исторический, прогрессивный, национальный, дискуссионный, итальянский, авиационный, революционный, рогатый, элементарный.

Задание 6. Прочитайте словосочетания вслух, следите за ударением в прилагательных.

Дымчатый цвет, рассыпчатый картофель, репчатый лук, клетчатый костюм, расплывчатое изображение, взрывчатое вещество, узорчатая шаль, вспыльчивый характер, усидчивый ученик, устойчивая опора, задумчивый юноша, талантливый композитор, уродливое дерево, вежливый человек, приветливая девушка, старательный студент, знаменательная дата, тоненькая ткань, слабенький ребёнок, плохонький старичок.

Задание 7. Образуйте от приведённых ниже слов прилагательные с заданными суффиксами, поставьте ударение в прилагательных и прочитайте вслух.

-ов(-ев): свинец, парча, ситец, песец, грош, камыш, груша, плюш, изразец, глянец, холст, вещь;

-чив/-лив: доверять, расчёт, услужить, задумать, изменить, устоять, засуха, угодить, увёртываться, уклониться, понять;

-ев/-ив: поле, бой, огонь, лень, спесь, ложь, червь, яблоня, отрасль, никель;

-чат: бревно, взрыв, узор, веснушка, рассыпать, клетка, репка.

Задание 8. Поставьте ударение в прилагательных сравнительной степени, составьте с ними предложения.

Белее, приветливее, веселее, важнее, полезнее, понятнее, милее, круглее, красивее, длиннее, ужаснее.

Задание 9. Образуйте сравнительную степень прилагательных, следите за ударением.

 бли́зкий — бли́же

Далёкий, ти́хий, гро́мкий, ни́зкий, высо́кий, у́зкий, широ́кий.

Задание 10. Образуйте превосходную степень прилагательных, следите за ударением.

высокий – высочайший

Глубокий, звонкий, крепкий, лёгкий, мягкий, низкий, тихий, широкий, яркий.

Б. Сдвиг ударения

Задание 11. От прилагательных образуйте краткую форму женского рода, следите за ударением.

грубый – груба

Густой, горький, весёлый, близкий, дружный, дорогой, лёгкий, молодой, крепкий, редкий, пустой, тесный, сытый, холодный, хороший, широкий, щедрый, тихий, светлый, умный.

Задание 12. Прочитайте вслух прилагательные в краткой форме. Помните, что ударение сдвигается на окончание только в краткой форме женского рода.

Глуп – глупа – глупы, горд – горда – горды, глух – глуха – глухи, вреден – вредна – вредны, боек – бойка – бойки, добр – добра – добры, жив – жива – живы, пуст – пуста – пусты, дружен – дружна – дружны, тих – тиха – тихи, широк – широка – широки, щедр – щедра – щедры, хорош – хороша – хороши, лёгок – легка – лёгки.

Задание 13. От прилагательных образуйте краткую форму мужского рода, следите за ударением.

Образец — больно́й — бо́лен

Дорого́й, молодо́й, развито́й, холосто́й.

Задание 14. Поставьте ударение в прилагательных, прочитайте текст вслух.

Лебеди стадом летели из холодной стороны в тёплые земли. Они летели через море. Все лебеди уморились, махая крыльями; но они не останавливались и летели дальше. Впереди летели старые, сильные лебеди, сзади летели те, которые были моложе и слабее. Один молодой лебедь летел позади всех. Силы его ослабели. Он взмахнул крыльями и не мог лететь дальше. Тогда он, распустив крылья, пошёл вниз. Он ближе и ближе спускался к воде; а товарищи его дальше и дальше белелись в месячном свете. Лебедь опустился на воду и сложил большие крылья.

(*По Л. Толстому*)

Задание 15. Подчеркните прилагательные, поставьте в них ударение и прочитайте стихотворение вслух.

Цветок

Цветок засохший, безуханный,
Забытый в книге вижу я;
И вот уже мечтою странной
Душа наполнилась моя:

Где цвёл? Когда? Какой весною?
И долго ль цвёл? И сорван кем,
Чужой, знакомой ли рукою?
И положён сюда зачем?

На память нежного ль свиданья,
Или разлуки роковой,
Иль одинокого гулянья
В тиши полей, в тени лесной?

И жив ли тот, и та жива ли?
И нынче где их уголок?
Или уже они увяли,
Как сей неведомый цветок?

(*А. Пушкин*)

Задание 16. Прочитайте текст вслух. Подчеркните прилагательные, образуйте от них сравнительную и превосходную степени и объясните правило постановки ударения.

Большой статный рост, маленькими шажками походка, привычка подёргивать плечом, маленькие, всегда улыбающиеся глазки, большой орлиный нос, неправильные губы, которые как-то неловко, но приятно складывались, недостаток в произношении — пришепётывание, и большая во всю голову лысина: вот наружность моего отца, с тех пор как я его помню, — наружность, с которою он умел не только прослыть и быть человеком удачливым, но нравиться всем без исключения — людям всех сословий и состояний, и в особенности тем, которым хотел нравиться.

Всегда очень широкое и лёгкое платье, прекрасное бельё, большие отвороченные манжеты и воротнички... Впрочем, всё шло к его большому росту, сильному сложению, лысой голове и спокойным самоуверенным движениям. Он был чувствителен и даже слезлив. Часто, читая вслух, когда он доходил до патетического места, голос его начинал дрожать, слёзы показывались, и он с досадой оставлял книгу.

(*Л. Толстой*)

Ударение в именах прилагательных

ОПЕРАЦИОНАЛЬНЫЙ СОСТАВ

ИМЯ ПРИЛАГАТЕЛЬНОЕ: полная форма, краткая форма, степени сравнения, род, число.

УДАРЕНИЕ: на основе, на суффиксе, на окончании.

А. Постоянное ударение

Полная форма	Краткая форма	Степени сравнения
Перед суффиксами и суффиксальными комплексами: **-ев, -еньк(-оньк), -лив, -н, -тельн, -чат, -еск, -чив, -ш**		Перед суффиксом: ♦ **-е** в сравнительной степени; ♦ **-ее,** если в краткой форме ж. р. окончание **-а** безударно
На суффиксах и суффиксальных комплексах: **а́в(-я́в), -а́льн, -а́нск(-я́нск), -а́рн(-я́рн), -а́ст, -а́т, -ацио́нн, -а́ч(-я́ч), -и́в, -и́вн, -и́йск, -и́н, -и́стск, -и́т, -и́ческ, -и́чн, -о́в, -ова́т(-ева́т), -ови́т, -о́вн, -она́льн, -о́нн, -цио́нн**	В краткой форме ср. р. сохраняется ударение м. р. *Кроме:* горячо́, легко́, равно́, светло́, смешно́, темно́, тепло́, тяжело́, хорошо́	На суффиксе: ♦ **-е́е** в сравнительной степени, если окончание **-а** ударно в краткой форме ж. р. ♦ **-а́йш** в превосходной степени ♦ **-е́йш** в превосходной степени, если в сравнительной степени суффикс ударный **-ее**
На окончании **-о́й**		

Б. Сдвиг ударения

Полная форма	Краткая форма	Степени сравнения
	С окончания **-ой** на один слог основы в м. р. *Кроме:* смешо́н, хмелён, чудён, вели́к. С основы на окончание **-а́** в ж. р. *Кроме:* бу́рна, вздо́рна, ве́чна, вла́стна, жёлчна, зно́йна, лжи́ва, ле́стна, ло́жна, пра́здна, ра́да	

Повторение

Задание 17. Составьте словосочетания, подобрав к прилагательным существительные. Прочитайте вслух, следите за ударением.

Родной, прямой, основной, седой, чужой, большой, слепой, заводской, морской, нефтяной, плохой, языковой.

Задание 18. От краткой формы прилагательных мужского рода образуйте краткую форму женского рода. Прочитайте, следите за ударением.

Образец — добр – добра́

Бе́ден, глуп, ве́сел, хоро́ш, вку́сен, сыт, жив, мо́лод, те́сен, горд, кре́пок.

Задание 19. Подберите антонимы к прилагательным, образуйте краткие формы в среднем роде и множественном числе, поставьте ударение, прочитайте вслух.

Образец — ти́хий – гро́мкий; ти́хо – ти́хи, гро́мко – гро́мки

Близкий, бойкий, мягкий, грубый, сладкий, жестокий, плохой, простой, низкий, мелкий, дорогой, долгий, крепкий, пустой.

Слова для справок: далёкий, краткий, спокойный, добрый, хороший, нежный, горький, сложный, глубокий, высокий, дешёвый, жёсткий, слабый, полный.

Задание 20. Подчеркните краткие прилагательные одной чертой, полные – двумя, поставьте в них ударение и объясните его постановку. Прочитайте предложения вслух.

1. Вещь хороша, когда новая, а друг – когда старый. 2. Лицом хорош, да душою непригож. 3. Близкий сосед лучше дальней родни. 4. Ранний смех – поздние слёзы. 5. Щедр на слова, да скуп на дела.

Задание 21. Преобразуйте данные предложения по образцу, поставьте ударение в прилагательных сравнительной степени. Прочитайте предложения вслух.

Образец Нитка то́лще волоса. — Волос то́ньше нитки.

1. Зимний день короче летнего. 2. Золото тяжелее железа. 3. Медь твёрже свинца. 4. Гималайские горы выше Кавказских. 5. Правый берег отложе левого. 6. Река Москва уже Оки.

Задание 22. Образуйте простую превосходную степень прилагательных, поставьте ударение и выделите суффиксы превосходной степени.

Образец а) поле́зный труд — поле́знейший труд;
б) ме́лкий дождь — мельча́йший дождь.

а) Интересный рассказ, красивый пейзаж, сильный удар;
б) глубокий колодец, краткий путь, редкий металл, лёгкий вес, строгий порядок, тонкий волосок.

Задание 23. Замените сложную превосходную степень прилагательных простой, поставьте ударение. Прочитайте предложения вслух.

1. Хорёк — самый злой враг домашней птицы. 2. Гималайские горы самые высокие на земле. 3. Альпинисты поднимались по самому крутому обрыву. 4. Туристы оживлённо готовились к последнему, самому трудному переходу. 5. Кролик — самое беззащитное и робкое животное.

Задание 24. Замените данные в скобках полные прилагательные краткими, поставьте ударение. Прочитайте предложения вслух.

1. Удары были очень (сильный). 2. Окружающая природа в лучах заходящего солнца была (дикая и величественная). 3. Хозяева дома были до того (добрые и приветливые), что не хотелось уезжать. 4. Вы были (правые), когда советовали не ходить в горы. 5. Поверхность озера была (спокойная, гладкая и ясная). 6. Её глаза были (грустные). 7. Небо сегодня (ясное, полное) света. 8. Июльские дни на Украине (знойные и сухие). 9. Ночь на вершине Машука была (свежая и прекрасная). 10. Альпинисты были (молодые), движения их

были (быстрые), песни (бодрые и весёлые). 11. Ветер был до того (сильный и жгучий), что нельзя было идти вперёд.

Задание 25. Поставьте ударение в прилагательных, выпишите прилагательные, обозначающие цвет, вместе с существительными, прочитайте вслух сначала выписанные словосочетания, а затем весь текст.

К середине июля ярко и пышно зацветали луга. Нежно-розовые махровые шапки, синие колокольчики, ясно-жёлтые купальницы, малиновые звёздочки гвоздики да лиловые, да фиолетовые, да бурые, да ещё просто белые цветы...

В отлогих, почти горизонтальных лучах утреннего солнца загораются капли росы. Если сказать, что в каждой капле горит по солнцу, значит ничего не сказать о сверкании росного утра. Можно, конечно, с тщательностью выписать, как одни капли мерцают глубокой зеленью, другие чисто кровавого цвета, третьи матово светятся изнутри, четвертые — молочно-голубые, пятые — белые, как молоко, но просвеченные огненной искоркой.

Можно написать, как разноцветное горение сочетается с синевой, желтизной, розовостью, лиловостью и белизной луговых цветов и как луговые цветы, просвеченные солнцем, кидают свои цветные тени, свою синеву или желтизну на ближайшие капельки хрустальной влаги и заставляют их быть то синими, то жёлтыми.

(В. Солоухин)

Задание 26. Перепишите. Употребите прилагательные, данные в скобках, в правильной форме. Поставьте ударение и прочитайте текст вслух.

Чуден Днепр при (тёплый летний) ночи, когда всё засыпает: и человек, и зверь, и птица. Нежась и прижимаясь ближе к берегам от (ночной) холода, даёт он по себе (серебряный) струю, и она вспыхивает, будто полоса (дамасский) сабли, а он, синий, снова заснул. Чуден тогда Днепр, и нет реки, (равный) ему в мире.

Когда же пойдут горами по небу (синий) тучи, (чёрный) лес шатается до корня, дубы трещат и молния, изламываясь между туч, разом осветит (целый) мир – страшен тогда Днепр.

(По Н. Гоголю)

УДАРЕНИЕ В ГЛАГОЛАХ И ГЛАГОЛЬНЫХ ФОРМАХ

Ударение в глаголах

Задание 1.   Поставьте ударение в глаголах.

Записывать, завоёвываю, звала, достигнул, выскочишь, механизировать, блеснуть, поняла, приветствовал, планировала, сохнуть, ползти, стеречь, выбегает, давать, выходит, встаёшь, нести, дала, лечил, задал, нанял.

Задание 2.   Распределите слова из задания 1 по группам в зависимости от места ударения (на приставке, корне, суффиксе, окончании). Слова с постоянным ударением обозначьте буквой **А**, а со сдвигом ударения – буквой **Б**.

Приставка	Корень	Суффикс	Окончание
...	...	...	...

А. Постоянное ударение

Ударение постоянно:

◇ на приставке **вы́-** в глаголах совершенного вида: вы́бросить, вы́дать;

◇ перед суффиксами и суффиксальными комплексами: **-ыва(-ива)**, **-ствова**, **-ну** (*в значении постоянно усиливающегося качества или действия*): узако́нивать, прису́тствовать, мо́кнуть;

◇ на суффиксах и суффиксальных комплексах: **-о́выва**, **-и́рова**, **-изи́рова**, **-ну́** (*в значении быстрого однократного действия*), **-ти́** (*без приставки вы-*): организо́вывать, гаранти́ровать, импровизи́ровать, толкну́ть;

Кроме: группирова́ть,   марш\,рова́ть,   тренирова́ть,   формирова́ть, пры́гнуть, дви́нуть, сту́кнуть, хло́пнуть;

◇ в настоящем времени на окончании глаголов, имеющих корень **-да-**, **-зна-**, **-ста-** и суффикс **-ва́-** (*суффикс выпадает в настоящем времени*): продаю́, узнаёт, встаю́т;

◇ перед суффиксом **-чь** в инфинитиве: стричь, бере́чь, стере́чь.

Обратите внимание!

Если ударение в инфинитиве падает не на последний слог, оно остаётся неизменным.

Б. Сдвиг ударения

Ударение сдвигается:

◇ в настоящем времени глаголов с окончания на предыдущий слог во всех лицах, кроме 1 л. ед. ч.: проси́ть – прошу́ – про́сишь – про́сит – про́сим – про́сите – про́сят;

Кроме: хотеть во мн. ч. – хоти́м – хоти́те – хотя́т;

◇ в прошедшем времени в ж. р. с основы на окончание **-а**: взял – взяла́, при́нял – приняла́;

◇ в некоторых глаголах прошедшего времени м. р. на предшествующий слог: зада́ть – за́дал, отда́ть – отда́л, прибы́ть – при́был, прожи́ть – прожи́л, заня́ть – за́нял, наня́ть – на́нял, отня́ть – о́тнял, подня́ть – по́днял, приня́ть – при́нял, нача́ть – на́чал.

А. Постоянное ударение

ВЫ ´	///

Задание 3. Образуйте видовые пары глаголов, прочитайте их вслух, следите за ударением.

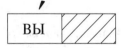 *Образец* вылета́ть – вы́лететь

Выноси́ть, выходи́ть, вылеза́ть, выдава́ть, выха́живать, выезжа́ть, выраста́ть, выбега́ть, выража́ть, вывози́ть, вырыва́ть, выска́кивать.

Задание 4. Выберите из глаголов, данных в скобках, подходящий по смыслу, поставьте ударение. Прочитайте предложения вслух, следите за ударением.

1. Она часто (выбегать, выбежать) на крыльцо и смотрела на дорогу. 2. Через три года у дома (вырастать, вырасти) стройный тополь. 3. Мать (выхаживать, выходить) ребёнка после опасной болезни. 4. Утром старушка (выходить, выйти) на крыльцо и кормила гусей. 5. Библиотекарь сегодня не (выдавать, выдать) книги на дом. 6. Ночью змея всегда (вылезать, вылезти) из своей норы. 7. Самолёт (вылетать, вылететь) ровно в десять. 8. На лето мы всегда (вывозить, вывезти) детей на море. 9. Надо ясно (выражать, выразить) свои мысли. 10. Я не хотел (вырывать, вырвать) эту траву.

////СУФФИКС////

Задание 5. Дополните ряды глаголов своими примерами. Составьте с ними предложения и прочитайте их вслух. Следите за ударением.

-ыва(-ива) — узако́нивать _____

-ствова — прису́тствовать _____

-ну[1] — со́хнуть _____

Задание 6. Поставьте ударение в глаголах, составьте с ними предложения и прочитайте вслух. Следите за ударением.

Заканчивать, устраивать, рассказывать, перечитывать, рассматривать, способствовать, слепнуть, мо́кнуть.

Задание 7. Употребите глаголы, данные в скобках, в форме настоящего времени. Прочитайте предложения вслух, следите за ударением.

1. Каждое утро отец (просматривать) газеты. 2. Он напрасно (злобствовать), никто не виноват. 3. Журналист что-то (записывать) и быстро отходит

---

[1] В значении постепенно усиливающегося качества или действия.

от артиста. 4. Одежда постепенно (сохнуть), и становится тепло. 5. Он всегда (приветствовать) всех, поднимая шляпу над головой. 6. От яркого солнца и белого песка мы просто (слепнуть).

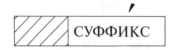

СУФФИКС

Задание 8. Образуйте от инфинитива глаголов формы прошедшего времени мужского и женского рода, прочитайте их вслух, следите за ударением.

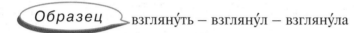

Образец взгляну́ть — взгляну́л — взгляну́ла

Блесну́ть, вздохну́ть, зачеркну́ть, махну́ть, рискну́ть, толкну́ть.

Задание 9. Проспрягайте в настоящем времени глаголы с суффиксом **-ва-**. Прочитайте их вслух, следите за ударением.

Встава́ть, устава́ть, узнава́ть, признава́ть, преподава́ть, создава́ть.

Задание 10. Образуйте от существительных глаголы в неопределённой форме, поставьте ударение и прочитайте вслух.

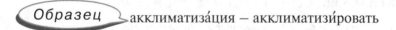

Образец акклиматиза́ция — акклиматизи́ровать

Газифика́ция, индустриализа́ция, коллективиза́ция, коопера́ция, ликвида́ция, рационализа́ция, стабилиза́ция, электрифика́ция.

Задание 11. Подберите к глаголам синонимы. Поставьте ударение и прочитайте вслух оба варианта словосочетаний.

Концентри́ровать все силы, реставри́ровать разрушенный дворец, аннули́ровать неправильное постановление, форси́ровать ход событий, мотивировать внезапный отъезд, фальсифицировать факты, ориентироваться в городе, иронизировать над кем-либо.

Слова для справок: ремонтировать, объяснять, отменять, собирать, ускорять, насмехаться, освоиться, подделывать.

Задание 12. Образуйте от глаголов неопределённую форму. Прочитайте полученные словосочетания вслух.

Несли тяжёлые рюкзаки, расползлись в разные стороны, везёт в далёкие города, идёт в нашем кинотеатре, цветёт весной, ведёт занятия в кружке рисования.

Б. Сдвиг ударения

Задание 13. Прочитайте группы глаголов вслух, следите за ударением.

Бороться — борюсь — борешься — боремся,
варить — варю — варишь — варим,
держать — держу — держишь — держим,
дышать — дышу — дышишь — дышим,
искать — ищу — ищешь — ищем,
любить — люблю — любишь — любим,
носить — ношу — носишь — носим,
писать — пишу — пишешь — пишем,
платить — плачу — платишь — платим,
получать — получу — получишь — получим,
смотреть — смотрю — смотришь — смотрим,
терпеть — терплю — терпишь — терпим,
хотеть — хочу — хочешь — хотим[1],
шутить — шучу — шутишь — шутим.

---

[1] Исключение.

Задание 14. Выберите из синонимов, данных в скобках, подходящий по смыслу. Глаголы употребите в прошедшем времени. Прочитайте предложения вслух.

1. Он широко ... и подпрыгивал. — Стрелковый батальон, готовясь к параду, ... на площади (маршировать, шагать). 2. Световыми сигналами самолёты ... стрельбу артиллерии. — Связисты ... повреждение на линии (исправлять, корректировать). 3. Обстановка дома вполне ... с его обитателями. — Полученное ранее известие ... действительности (гармонировать, соответствовать). 4. Знаменитые актёры обычно ... эпизодическими ролями. — Эскадра, приближаясь к острову, ... противника (игнорировать, пренебрегать).

ОСНОВА

Задание 15. Раскройте скобки, употребив глаголы в прошедшем времени, поставьте ударение в глаголах. Прочитайте тексты вслух.

1. Накануне Нового года мы с товарищами (решить) пойти в лес за ёлкой. (Быть) раннее зимнее утро. Село ещё (спать). На востоке еле-еле (заниматься) заря. Только к восьми часам утра над горизонтом (подняться) солнце. Скоро (подуть) восточный ветер. Он быстро (гнать) позёмку. Небо (покрыться) тяжёлыми серыми тучами. (Начаться) метель. Мы (понять), что можем заблудиться, и (решить) возвратиться домой.

2. Таня (жить) около школы. Каждую неделю она (брать) в школьной библиотеке книги. Вчера она (взять) стихи А. Пушкина. Библиотекарь (дать) ей для маленького брата русские сказки.

Задание 16. Замените настоящее время глаголов прошедшим. Прочитайте текст вслух.

Весна вступает в свои права. Веет лёгкий ветерок. Сильнее греет солнышко. Днём тает, а ночью подмораживает. Утром над полями стелется туман. Весь день слышится журчание ручейков. К вечеру они покрываются тонким ледком. Крестьяне готовятся к севу. Весело встречают весну ребята. Далеко разносятся их голоса.

Задание 17. Прочитайте группы глаголов вслух, следите за ударением. Помните о сдвиге ударения в глаголах в форме женского рода.

Был – была – были,
брал – брала – брали,
взял – взяла – взяли,
дал – дала – дали,
жил – жила – жили,
занял – заняла – заняли,
спал – спала – спали,
звал – звала – звали,
начал – начала – начали,
отнял – отняла – отняли,
отдал – отдала – отдали,
понял – поняла – поняли,
принял – приняла – приняли,
передал – передала – передали.

Задание 18. Вставьте в предложения подходящие по смыслу глаголы, употребив их в прошедшем времени. Поставьте ударение и прочитайте предложения вслух.

1. Наташа тихо ... по аллее сада. 2. Ребята наперегонки ... к речке. 3. Испуганная лиса ... в кусты. 4. Машина ... по асфальтированному шоссе. 5. По размытой дождями дороге медленно ... колонна грузовиков. 6. На окне ... сонная осенняя муха.

Слова для справок: идти, ползать, бежать, броситься, двигаться, нестись.

Учебная карта 3

Ударение в глаголах

ОПЕРАЦИОНАЛЬНЫЙ СОСТАВ

ГЛАГОЛ: форма – неопределённая (инфинитив), личная; время.
УДАРЕНИЕ: на приставке, на корне, на суффиксе, на окончании.

А. Постоянное ударение

Приставка	Корень	Суффикс	Окончание
На приставке **вы́-** в глаголах совершенного вида			
	Перед суффиксами и суффиксальными комплексами: **-ыва(-ива)**, **-ствова**, **-ну** (*постоянно усиливающееся действие, качество*). В инфинитиве перед суффиксом **-чь**		
		На суффиксах и суффиксальных комплексах: **-и́рова**, **-изи́рова**, **-о́выва**, **-ну́** (*быстрое однократное действие*), **-ти́** *Кроме:* группирова́ть, марширова́ть, тренирова́ть, формирова́ть; пры́гнуть, дви́нуть, сту́кнуть, хло́пнуть	
			На окончании в настоящем времени глаголов с корнем **-да-**, **-зна-**, **-ста-** и суффиксом инфинитива **-ва́-**

Б. Сдвиг ударения

С основы на окончание	С окончания на основу
На окончание -á в ж. р. прошедшего времени	На предшествующий слог в настоящем и простом будущем времени, кроме 1 л. ед. ч. *Кроме:* хотéть во мн. ч.

Повторение

Задание 19. Поставьте ударение в глаголах, прочитайте текст вслух, следите за ударением.

Воробей

Я возвращался с охоты и шёл по аллее сада. Собака бежала впереди меня.

Вдруг она уменьшила свои шаги и начала красться, как бы зачуяв перед собой дичь.

Я глянул вдоль аллеи и увидал молодого воробья с желтизной около клюва и пухом на голове. Он упал из гнезда (ветер сильно качал берёзы аллеи) и сидел неподвижно, беспомощно растопырив едва прораставшие крылышки.

Моя собака медленно приближалась к нему, как вдруг, сорвавшись с ближнего дерева, старый черногрудый воробей камнем упал перед самой её мордой и весь взъерошенный, искажённый, с отчаянием и жалким писком прыгнул раза два в направлении зубастой раскрытой пасти.

Он ринулся спасать, он заслонил собой своё детище... но всё его маленькое тело трепетало от ужаса, голосок одичал и охрип, он замирал, он жертвовал собою!

Каким громадным чудовищем должна была ему казаться собака! И всё-таки он не мог усидеть на своей высокой, безопасной ветке... Сила, сильнее его воли, сбросила его оттуда.

Мой Трезор остановился, попятился... Видно, и он признал эту силу.

Я поспешил отозвать смущённого пса — и удалился, благоговея. Да, не смейтесь. Я благоговел перед той маленькой, героической птицей, перед любовным её порывом.

Любовь, думал я, сильнее смерти и страха смерти. Только ею, только любовью держится и движется жизнь.

(И. Тургенев)

Задание 20. Образуйте форму прошедшего времени мужского и женского рода от инфинитива глаголов, объясните постановку ударения.

Образец взгляну́ть – взгляну́л – взгляну́ла

Окрепнуть, достигнуть, махнуть, сверкнуть, оглохнуть, рискнуть, коснуться, ослепнуть, зачеркнуть, умолкнуть, качнуться, проснуться, намокнуть, вздохнуть, померкнуть, блеснуть, подчеркнуть, сомкнуть, толкнуть.

Задание 21. Выпишите глаголы, объясните постановку ударения в них. Прочитайте стихотворения вслух, правильно акцентируя глаголы.

Что было, то было...

Что было, то было:
Закат заалел...
Сама полюбила –
Никто не велел.

Подруг не ругаю,
Родных не корю.
В тепле замерзаю
И в стужу горю.
Что было, то было...
Скрывать не могла.
Я гордость забыла –
При всех подошла.

А он мне ответил:
– Не плачь, не велю,
Не ты виновата,
Другую люблю...
Что было, то было!
И – нет ничего.
Люблю, как любила,
Его одного.

Я плакать – не плачу:
Мне он не велит.
А горе – не море.
Пройдёт. Отболит.

(*М. Агашина*)

***

А где мне взять такую песню —
И о любви, и о судьбе,
И чтоб никто не догадался,
Что эта песня — о тебе?
Чтоб песня по свету летела,
Кого-то за сердце брала,
Кого-то в рощу заманила,
Кого-то в поле увела.
Чтобы у клуба заводского
И у далёкого села,
От этой песни замирая,
Девчонка милого ждала.

(*М. Агашина*)

Энергичная женщина

Впорхнула. Отдышалась. Прожевала.
Отметилась. Вздохнула. Причесалась.
Накрасилась. Спросила. Рассказала.
Всплакнула. Покурила. Рассмеялась.
Достала. Распустила. Довязала.
Примерила. Взглянула. Отложила.
Нахмурилась. Раскрыла. Прочитала.
Зевнула. Позвонила. Одолжила.
Поела. Пошутила. Отпросилась.
Схватила. Посмотрелась. Побежала.
Увидела. Купила. Нарядилась.
Вернулась. Рассказала. Показала.
Поморщилась. Постриглась. Накрутилась.
Ответила. Включила. Вскипятила.
Обиделась. Сцепилась. Помирилась.
Достала. Разложила. Раскроила.
Примерила. Поохала. Сметала.
Сложила. Покурила. Помрачнела.
Рабочий день окончился. Устала.
За целый день ни разу не присела.

(*Л. Воропаева*)

Задание 22. Образуйте с помощью суффиксов **-ыва(-ива)** несовершенный вид глаголов (*корневое безударное* **-о-** *всегда чередуется с ударным* **-а́-**). Поставьте ударение и прочитайте вслух.

Выловить, вымотать, остановить, запросить, надломить, столкнуть, проскочить, выкопать, закончить, высмотреть, затронуть, обработать, освоить, оспорить, успокоить, застроить, оздоровить, облокотиться.

Задание 23. Подберите к глаголам синонимы, поставьте ударение и прочитайте вслух оба варианта.

Горевать, угощать, умалять, предупредить, управлять, реять, умолять, притаиться.

Слова для справок: уменьшать, спрятаться, упрашивать, печалиться, потчевать, предварить, командовать, развеваться.

Задание 24. Соедините глаголы и их толкование. Поставьте ударение в глаголах, прочитайте их вслух.

Идти, ходить, двигаться, ступать, шагать, направляться, следовать, шествовать, маршировать.	движение на ограниченном, определённом месте
Брести, тащиться, плестись, тянуться, ковылять, семенить, карабкаться, ползти.	движение на более широком пространстве
Гулять, слоняться, расхаживать, шататься, шляться, шнырять, фланировать.	быстрое движение
Бродить, блуждать, скитаться, странствовать, путешествовать, таскаться.	движение вообще
Броситься, кинуться, ринуться, метнуться, устремиться.	медленное движение

Задание 25. Выпишите глаголы, поставьте в них ударение, объясните его постановку. Прочитайте тексты вслух.

Есть зимой короткая минута, когда снег на крышах и небо делаются тёмно-голубыми в сумерках, даже лиловыми. Я стою у окна и смотрю в открытую форточку на лиловый снег, дышу нежным морозным воздухом, и мне почему-то грезятся далёкие путешествия, неизвестные страны и горы... Я голодаю, я обрастаю рыжей бородой, меня печёт солнце или до костей прохватывает мороз, я даже гибну, но открываю ещё одну тайну природы. Вот жизнь! Если бы мне попасть в экспедицию!

(Ю. Казаков)

Есть в этом деле свои азы, без знания которых не обойтись и новичку, есть свои тонкости и секреты. Чего только не должен уметь альпинист: работать с верёвкой и забивать крючья, рубить ступени и ставить палатку, готовить еду и вытаскивать из трещины сорвавшегося товарища, делать укол или перевязку.

(С. Бершов)

С четверть часа после перекладки я не спал и развлекался рассматриванием фигуры нового ямщика. Игнашка сидел молодцом, беспрестанно подпрыгивал, замахивался рукою с висящим кнутом на лошадей, покрикивал, постукивал ногой об ногу. Во всех его движениях заметна была не только энергия, но ещё более, как мне казалось, желание возбудить в себе энергию. Однако, чем дальше мы ехали, тем чаще и чаще он, оправляясь, подпрыгивал на облучке, похлопывал ногой об ногу и заговаривал со мной и Алёшкой, мне казалось, он боялся упасть духом. И было от чего, хотя лошади были добрые, дорога с каждым шагом становилась тяжелее, и заметно было, как лошади бежали неохотнее. Правая пристяжная заметно спускала постромки, требовала кнутика, но по привычке доброй, даже горячей, лошади как будто досадовала на свою слабость, сердито опускала и подымала голову, прося повода.

(Л. Толстой)

Ударение в причастиях

Задание 1.   Поставьте ударение в причастиях.

Пи́шущий, лю́бящий, принёсший, про́жито, купи́вший, мы́слимы, покупа́емый, прочи́танный, взята́, зарабо́танный, по́днятый, принята́, со́мкнутый, задви́нутый, со́здан, на́чато.

Задание 2.   Образуйте от причастий из задания 1 глаголы в инфинитиве, 3 лице настоящего времени и прошедшем времени. Распределите слова на две группы: с постоянным или подвижным ударением.

Постоянное ударение	Сдвиг ударения
...	...

А. Постоянное ударение

Сохраняется ударение инфинитива глагола:

◊ в причастиях настоящего времени, образованных от глаголов II спр.: по́мнить – по́мнящий, мы́слить – мы́слимый;

Кроме: люби́ть – лю́бящий, лечи́ть – ле́чащий;

◊ в действительных причастиях прошедшего времени: купи́ть – купи́вший, получи́ть – получи́вший;

Кроме тех, что образованы от глаголов с суффиксом **-ти**;

◊ в страдательных причастиях прошедшего времени на **-анный(-янный)**, образованных от глаголов с ударением на основе: зарабо́тать – зарабо́танный, проду́мать – проду́манный.

Сохраняется ударение 3 л. мн. ч. настоящего времени глагола в причастиях настоящего времени, образованных от глаголов I спр.: боле́ют – боле́ющий, покупа́ют – покупа́емый.

Сохраняется ударение прошедшего времени глагола в страдательных причастиях прошедшего времени на **-тый** (*также от глаголов с безударным суффиксом* **-ну-**): при́нял – при́нятый, тро́нул – тро́нутый.

Б. Сдвиг ударения

Ударение сдвигается на предыдущий слог (на основу) относительно инфинитива глагола:

◇ в действительных причастиях прошедшего времени, образованных от глаголов с суффиксом **-ти**: принести́ – принёсший;

◇ в страдательных причастиях прошедшего времени на **-анный(-янный)**, образованных от глаголов с ударными **-а́ть(-я́ть)**: написа́ть – напи́санный, сказа́ть – ска́занный;

◇ в страдательных причастиях прошедшего времени на **-тый**, образованных от глаголов с ударным суффиксом **-ну́-**: замкну́л – за́мкнутый.

Ударение сдвигается с основы на окончание в кратких формах страдательных причастий ж. р., образованных от некоторых глаголов: взят – взята́, про́жит – прожита́, со́здан – создана́.

А. Постоянное ударение

УДАРЕНИЕ ИНФИНИТИВА

Задание 3. Образуйте форму действительного причастия прошедшего времени. Поставьте ударение и прочитайте причастия вслух.

Образец стоя́ть – стоя́вший

Говори́ть, спо́рить, переводи́ть, знать, держа́ть, ви́деть, смотре́ть, отве́тить, ко́нчить, победи́ть, замени́ть, повтори́ть.

Задание 4. Образуйте форму страдательного причастия настоящего времени. Прочитайте вслух. С причастиями, образованными от выделенных глаголов, составьте предложения.

Образец проводи́ть – проводи́мый

Храни́ть, чи́стить, **дари́ть**, люби́ть, **излечи́ть**, говори́ть, разоблачи́ть, ви́деть, **слы́шать**.

Задание 5. Образуйте форму страдательного причастия прошедшего времени. Поставьте ударение и прочитайте причастия вслух.

Образец заработать — зарабо́танный

Сде́лать, поре́зать, подде́лать, вы́полнить, прослу́шать, доба́вить, стричь, ткать, кра́сить.

Задание 6. Перепишите, раскрывая скобки. Употребите причастия в правильной форме, поставьте ударение в причастиях. Прочитайте текст вслух.

В белой пустыне

Мы выходим на лёд, покрытый уже (исслеженный) снегом, ступаем на берег. Скользя по (осыпающийся) камням, поднимаюсь на высокую насыпь, (протянувшийся) вдоль (открытый) берега. Поправив за спиной ружьё, застегнув плотно куртку, борясь с (дующий) в лицо ветром, я иду берегом. Я смотрю на камни, грудою (свалившийся) с берега в море. Солнечный луч освещает край (нависший) тучи. В (сверкающий) поле движется желтоватое пятно. Чуждый (окружающий) миру, маячит в снеговой дымке «Седов».

День и ночь, ночь и день между берегом и кораблём бегает шлюпка, (нагруженный) для устойчивости ящиками с патронами. Хозяева (строящийся) станции по очереди сменяются на руле.

(*По И. Соколову-Микитову*)

УДАРЕНИЕ ГЛАГОЛОВ НАСТОЯЩЕГО ВРЕМЕНИ

Задание 7. Образуйте глаголы 3 лица множественного числа и действительные причастия настоящего времени. Прочитайте вслух, следите за ударением.

Образец стоя́ть — стоя́т — стоя́щий

Крича́ть, молча́ть, обе́дать, писа́ть, старе́ть, покупа́ть, спо́рить, отвеча́ть, смея́ться, занима́ться, говори́ть.

Задание 8.
Образуйте глаголы 1 лица множественного числа и страдательные причастия настоящего времени. Прочитайте вслух, следите за ударением.

Образец ꟷ организова́ть – организу́ем – организу́емый

Вспомина́ть, забыва́ть, посыла́ть, атакова́ть, чита́ть, выполня́ть, переска́зывать, зака́нчивать, просма́тривать.

Задание 9.
Перепишите, употребив причастия в правильной форме, поставьте ударение в причастиях. Прочитайте словосочетания вслух.

Любоваться (штормящий) морем и (заходящий) в облака солнцем, беседовать о (строящийся) в городе стадионе, пробираться сквозь (неистовствующий) в поле метель, рассказывать о (промчавшийся) над городом урагане, разговаривать с (возвратившийся) из похода туристом, наблюдать за (взбирающийся) на вершину горы альпинистом, обрадоваться (вернувшийся) из командировки брату, подстрелить (забежавший) в деревню волка.

УДАРЕНИЕ ГЛАГОЛОВ ПРОШЕДШЕГО ВРЕМЕНИ

Задание 10.
Образуйте формы глагола и страдательного причастия прошедшего времени. Прочитайте вслух, следите за ударением.

Образец ꟷ нали́ть – нали́л – нали́тый

Снять, пропе́ть, поби́ть, примя́ть; задви́нуть, просу́нуть, вы́тянуть, сдви́нуть, опроки́нуть.

Б. Сдвиг ударения

НА ОДИН СЛОГ К НАЧАЛУ СЛОВА

Задание 11.
Образуйте форму действительного причастия прошедшего времени. Прочитайте вслух, помните, что ударение сдвигается на предыдущий слог.

Вести́, ползти́, трясти́, везти́.

Задание 12. Образуйте форму страдательного причастия прошедшего времени от инфинитива глагола. Составьте словосочетания с этими причастиями и прочитайте их вслух. Следите за ударением.

а) Прочита́ть, рассказа́ть, создава́ть, обстреля́ть, заласка́ть;
б) заткну́ть, застегну́ть, обогну́ть, зачеркну́ть.

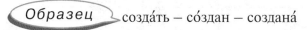

ОСНОВА

Задание 13. Образуйте краткую форму страдательных причастий мужского и женского рода. Прочитайте вслух, следите за ударением.

Взять, нача́ть, приня́ть, прожи́ть, внести́, испе́чь, заключи́ть, реши́ть, просвети́ть, внедри́ть.

Задание 14. Перепишите. Поставьте ударение в причастиях и прочитайте текст вслух.

В «Онегине» все части органически сочленены, ибо в избранной рамке романа своего Пушкин исчерпал всю свою идею, и поэтому в нём ни одной части нельзя ни изменить, ни заменить. «Герой нашего времени» представляет собой несколько рамок, вложенных в одну большую раму, которая состоит в названии романа и единстве героя. Части этого романа расположены сообразно с внутреннею необходимостью; но как они суть только отдельные случаи из жизни хотя и одного и того же человека, то могли бы быть заменены другими.... Но тем не менее основная мысль автора даёт им единство, и общность их впечатления поразительна.

(В. Белинский)

Учебная карта 4

Ударение в причастиях

ОПЕРАЦИОНАЛЬНЫЙ СОСТАВ

ПРИЧАСТИЕ: полная форма, краткая форма; действительное (настоящего или прошедшего времени), страдательное (настоящего или прошедшего времени); мужской, женский, средний род.

УДАРЕНИЕ: соотносится с ударением инфинитива, глагола настоящего или прошедшего времени.

А. Постоянное ударение

Сохраняется ударение инфинитива	Сохраняется ударение глаголов настоящего времени	Сохраняется ударение глаголов прошедшего времени
◆ В действительных причастиях настоящего времени на **-щий**, образованных от глаголов II спр. *Кроме:* люби́ть, лечи́ть ◆ В действительных причастиях прошедшего времени на **-вший, -ший** (*кроме* тех, что образованы от глаголов с суффиксом **-ти**) от глаголов II спр. ◆ В страдательных причастиях настоящего времени на **-мый** от глаголов II спр. ◆ В страдательных причастиях прошедшего времени на **-анный(-янный)**, образованных от глаголов с ударением на основе	◆ В действительных причастиях настоящего времени на **-щий**, образованных от глаголов I спр. ◆ В страдательных причастиях настоящего времени на **-мый**, образованных от глаголов I спр.	◆ В страдательных причастиях прошедшего времени на **-тый** (*также от глаголов с безударным суффиксом -ну-*)

Б. Сдвиг ударения

Ударение передвигается на предыдущий слог (на основу) относительно инфинитива глагола	Ударение сдвигается с основы на окончание
◆ В действительных причастиях прошедшего времени на **-вший, -ший**, образованных от глаголов с суффиксом **-ти**. ◆ В страдательных причастиях прошедшего времени на **-нный** от глаголов с ударными **-а́ть(-я́ть)**. ◆ В страдательных причастиях прошедшего времени на **-тый**, образованных от глаголов с ударным суффиксом **-ну́-**	В кратких формах страдательных причастий ж. р.

Повторение

Задание 15. Раскройте скобки, образовав действительное причастие настоящего времени и согласовав его с существительным. Поставьте ударение в причастиях и прочитайте словосочетания вслух.

Образец дать оценку (развива́ться, талант) — дать оценку развива́ющемуся таланту

Удивляться (задерживаться, наступление) весны, остановить внимание (приближаться, троллейбус), уделять внимание (располагаться на отдых, туристы), восхищаться (расстилаться, степь), тормозить (развиваться, промышленность), комментировать (происходить, события), встретить (возвращаться, экспедиция), страшиться (надвигаться, ураган), благодарить (улыбаться, хозяйка).

Задание 16. Перепишите, раскрыв скобки и согласовав причастия с существительными. Поставьте ударение в причастиях и прочитайте предложения вслух.

1. Народы против войны, (несущая) разрушения. 2. Спокойный дым над (занесённый) снегом крышей поднимался и таял в небе. 3. Невысокое солнце глядело во всё око на (разукрашенный) в иней берёзу. 4. (Разгоревшийся) глазами читал Василий Васильевич строки синенького листика. 5. В неясном свете, (пробивавшийся) сквозь морозное окошечко, было видно, как одна из девушек вышла, надевая в рукава полушубок.

Задание 17. От глаголов, данных в скобках, образуйте причастия в правильной форме, запишите предложения, поставьте ударение в причастиях и прочитайте предложения вслух.

1. На другой день войска (преследовать) неприятеля получили приказ возвратиться в лагерь (*А. Пушкин*). 2. В седьмом часу вечера, пыльные и усталые, мы вступали в широкие (укрепить) ворота крепости (*Л. Толстой*). 3. Кое-где в ложбинках ещё видны остатки (таять) снега (*Л. Толстой*). 4. Но приказчик его был (обстрелять) птица (*Н. Гоголь*). 5. На (золотеть) краю неба горела, как капля серебряной воды, последняя звезда. Маша впервые поняла прелесть мимолётных, но глубоко (задевать) душу встреч и прелесть речной привольной России (*К. Паустовский*). 6. Всех (подстрелить) уток мы, конечно, не до-

стали (*И. Тургенев*). 7. Низко над степью со стороны (заходить) солнца летел, лениво погромыхивая мотором, маленький самолёт. Может быть, это и была та, скрытая раньше, а сейчас (открыться) ей доля поэзии, что заключена в каждом дне (*К. Паустовский*).

Задание 18. Перепишите. Подчеркните причастия, поставьте в них ударение, прочитайте текст вслух.

Из припудренной утренним инеем хвои высунулась длинная бурая морда, увенчанная тяжёлыми ветвистыми рогами. Испуганные глаза осмотрели огромную поляну. Розовые замшевые ноздри, извергавшие горячий пар встревоженного дыхания, судорожно задвигались. Старый лось застыл в сосняке, как изваяние. Настороженные уши ловили каждый звук. Но даже и эти чуткие уши не слышали в лесу ничего, кроме птичьей трескотни, стука дятла и ровного звона сосновых вершин. Зверь распустил напряжённые мускулы, вышел на поляну.

(*Б. Полевой*)

Задание 19. Перепишите. Раскройте скобки, согласовав причастия и прилагательные с существительными. Поставьте ударение и прочитайте текст вслух.

Наступление весны

Наутро (поднявшийся, яркий) солнце быстро съело тонкий ледок, (подёрнувший) воды, и весь тёплый воздух задрожал от наполнивших его испарений (оживший) земли. Зазеленела старая и (вылезающий) иглами молодая трава, надулись почки калины, смородины и липкой спиртовой берёзы, и на (обсыпанный) золотым цветом лозине загудела выставленная, (облетавшийся) пчела. Залились (невидимый) жаворонки над бархатом зеленей и (обледеневший) жнивьём, заплакали чибисы над (налившийся) бурой неубравшейся водой низами и болотами, и высоко пролетели с (весенний) гоготаньем журавли и гуси. Заревела на выгонах (облезший), только местами ещё не (перелинявший) скотина, заиграли кривоногие ягнята вокруг (теряющий) волну, блеющих матерей, побежали быстроногие ребята по (просыхающий), с отпечатками босых ног, тропинкам, затрещали на пруду (весёлый) голоса баб с холстами, и застучали по дворам топоры мужиков, (налаживающий) сохи и бороны. Пришла настоящая весна.

(*Л. Толстой*)

Задание 20. Выпишите причастия, поставьте в них ударение, объясните его постановку. Прочитайте текст вслух.

Не умолкая, шумели воды прилива, набегали грохочущие волны, бьющиеся о подножье тороса.

Но вот буря стихла. Смолкли успокоившиеся волны, придавленные тяжкой грудой льда. Ледяные поля придвинулись к самому берегу. Пошёл гул, рокотом отдававшийся в глубине бора. Послышалось могучее шипение, шорох, треск ломающихся глыб, словно надвигалось неукрощённое стоногое чудовище. Передовые льдины, столкнувшись с торосом, сжатые напиравшей массой, ползли на вершину и громоздились в причудливые горы. Движение ледяной массы, встретив неодолимую преграду, превратилось в колоссальную энергию разрушения.

И несколько минут вдоль берега ломаными очертаниями поднялись новые громады.

Вдруг опять разъярённым зверем набежала буря, разорвала тишину торжествующим воем, расколола ледяной покров и беспорядочными грудами разбросала его на многие километры.

Но вот ветер снова упал. Затихшие волны несли разломанные, рассеянные остатки ледяных полей, словно разбитые обломки гигантского корабля. Струи воды, не скованные льдом, вливались в свинцовые волны. Море постепенно освобождалось от сковывавшего его льда.

Тучи поспешно сбегали с небесного свода, и вот он уже весь кажется унизанным мерцающими звёздами. Долгая северная ночь раскинулась над глухо рокотавшим морем, ещё не успокоившимся от недавней бури.

В тёмной пучине колеблющимся светом отражаются яркие звёзды. Мягкий синеватый отблеск озаряет необъятную водную гладь, подёрнувшуюся тонким льдистым слоем, и над застывшим морем неподвижно повисла безмолвная тишина.

(*А. Серафимович*)

Задание 21. Подчеркните причастия, объясните постановку ударения в них. Прочитайте стихотворение вслух.

Много видевший, много знавший,
Знавший ненависть и любовь,
Всё имевший, всё потерявший,
И опять всё нашедший вновь.

Вкус узнавший всего земного
И до жизни жадный опять,
Обладающий всем и снова
Всё боящийся потерять.

(*Д. Кедров*)

Ударение в деепричастиях

Задание 1.   Поставьте ударение в деепричастиях.

Рисуя, ненавидя, входя, добиваясь, прыгнув, вернувшись, играючи, сообщив, повернувшись, держа, приняв, поборовшись, поучив, шутя.

Задание 2.   Распределите слова из задания 1 на две группы в зависимости
от места ударения (на корне, суффиксе).

Корень	Суффикс
...	...

Постоянное ударение

Ударение в деепричастии **несовершенного вида**:

◇ соответствует ударению 3 л. мн. ч. глагола, если образовано от глагола с неподвижным ударением: игра́ют – игра́я, ду́мают – ду́мая;

◇ стоит на суффиксе **-а́(-я́)**, если образовано от глагола с подвижным ударением: дыша́ть – дыша́.

Ударение в деепричастии **совершенного вида**:

◇ соответствует ударению инфинитива глагола, если образовано от глагола с неподвижным ударением: пры́гнуть – пры́гнув, раски́нуться – раски́нувшись;

◇ стоит перед суффиксом, если образовано от глаголов с подвижным ударением: написа́ть – написа́в.

Обратите внимание!

В деепричастиях-наречиях на **-учи(-ючи)** ударение падает на гласный перед суффиксом: игра́ючи, уме́ючи.

ДЕЕПРИЧАСТИЯ НЕСОВЕРШЕННОГО ВИДА

ОТ ГЛАГОЛОВ С НЕПОДВИЖНЫМ УДАРЕНИЕМ	СУФФИКС 3 Л. МН. Ч. ГЛАГОЛА

ОТ ГЛАГОЛОВ С ПОДВИЖНЫМ УДАРЕНИЕМ	СУФФИКС ДЕЕПРИЧАСТИЯ -А(-Я)

Задание 3.   Прочитайте деепричастия вслух, следите за ударением.

Рассказывая, перечитывая, стараясь, разговаривая, переводя, сойдя, войдя, играя, говоря, делая, ненавидя, прыгая, встречаясь, краснея, старея, добиваясь, входя, разоблачая, сообщая, купаясь, смущаясь, читая, бледнея, произнося, работая, стремясь, создавая.

Задание 4.   Образуйте форму деепричастия несовершенного вида. Поставьте ударение и прочитайте вслух.

Образец ╲жале́ть — жале́я

Крича́ть, грохота́ть, пропове́довать, тормози́ть, загля́дывать, признава́ть, визжа́ть, ме́тить, волнова́ться, дыша́ть, стрекота́ть, свирепе́ть, достава́ть, дава́ть, напева́ть, узнава́ть, подчёркивать, чита́ть, говори́ть, смотре́ть, обеща́ть, лови́ть, отдыха́ть.

ДЕЕПРИЧАСТИЯ СОВЕРШЕННОГО ВИДА

ОТ ГЛАГОЛОВ С НЕПОДВИЖНЫМ УДАРЕНИЕМ	НА СУФФИКСЕ ИНФИНИТИВА

ОТ ГЛАГОЛОВ С ПОДВИЖНЫМ УДАРЕНИЕМ	ПРЕДШЕСТВУЕТ СУФФИКСУ -В(ШИ), -ШИ

Задание 5. Образуйте форму деепричастия совершенного вида. Поставьте ударение и прочитайте вслух.

Образец поверну́ться — поверну́вшись

Посмотре́ть, пове́рить, позвони́ть, нагну́ться, перечита́ть, рассказа́ть, сообщи́ть, верну́ться, написа́ть, победи́ть, узна́ть, познако́миться, пры́гнуть, пробежа́ть, сде́лать, встре́титься, обману́ть, прие́хать, посмотре́ть, взять, получи́ть, отпра́вить, рассчита́ться.

Задание 6. Перепишите. Замените причастные обороты деепричастными. Поставьте ударение в деепричастиях, прочитайте предложения вслух.

Образец Ученик, заболевший гриппом, не пришёл на занятия. — Ученик, заболе́в гриппом, не пришёл на занятия.

1. Мальчик, проигравший две партии в шахматы, очень огорчился. 2. Молодой художник, нарисовавший картину, показал её профессору. 3. Комиссия, проверившая работу кружков, сделала ряд указаний. 4. Мальчик, увлёкшийся чтением, не заметил, как наступил вечер. 5. Ребята, выкупавшиеся в реке, загорали на солнце. 6. Всадник, поравнявшийся с нами, спрыгнул с коня.

Задание 7. Перепишите, вставляя в предложения подходящие по смыслу деепричастия, поставьте в них ударение. Прочитайте предложения вслух.

1. Мать, ... ребёнка, стала его кормить. — Мальчик, ..., сел за стол (умыв, умывшись). 2. Я, ... с другом, передам ему твою просьбу. — ... друга, я передал ему твою просьбу (встретив, встретившись). 3. Сторож, высоко ... фонарь, ждал поезда. — Научные работники, ... на аэростате, произвели важные наблюдения (поднявшись, подняв). 4. Охотник, ... ружьё к плечу, на мгновение замер. — Щенок, ... к стене, жалобно скулил (прижавшись, прижав).

Задание 8. Дополните фразы, выбрав один из вариантов их окончания. Поставьте ударение в деепричастиях и прочитайте предложения вслух.

1. Дойдя до реки, ...	а) усталость овладела нами; б) мы устроили привал.
2. Тщательно прицелившись,...	а) охотник выстрелил и убил фазана; б) фазан был убит охотником.
3. Плывя в лодке, ...	а) множество птиц виднелось по берегам реки; б) путешественники видели по берегам реки множество птиц.
4. Заметив со всех сторон лодки и людей, ...	а) стадо диких коз бросилось врассыпную; б) стадо диких коз объял ужас.
5. Набирая скорость, ...	а) поезд быстро приближался к горному перевалу; б) в окно было видно мелькание телеграфных столбов.

Задание 9. Поставьте ударение в деепричастиях на **-учи(ючи)**. Прочитайте словосочетания вслух и придумайте с ними предложения.

Идти крадучись, делать умеючи, жить играючи.

Учебная карта 5

Ударение в деепричастиях

ОПЕРАЦИОНАЛЬНЫЙ СОСТАВ

ДЕЕПРИЧАСТИЕ: совершенный, несовершенный вид.
УДАРЕНИЕ: на корне, перед суффиксом, на суффиксе.

Постоянное ударение

Несовершенный вид	Совершенный вид	Деепричастие на -учи(-ючи)
Соответствует ударению 3 л. мн. ч. глагола, если образовано от глагола с неподвижным ударением.	Соответствует ударению инфинитива глагола, если образовано от глагола с неподвижным ударением.	Ударение падает на гласный перед суффиксом
Стоит на суффиксе -а́(-я́), если образовано от глагола с подвижным ударением	Стоит перед суффиксом, если образовано от глаголов с подвижным ударением	

Повторение

Задание 10. Перепишите, образуя от глаголов деепричастия. Поставьте ударение в деепричастиях и объясните его постановку. Прочитайте предложения вслух.

1. Чуть свет я вставал и, наскоро (напиться) чаю, пускался в путь. 2. (Выбрать) где-нибудь сухой песчаный берег, я приказывал лодке причаливать к нему. 3. Большими спиральными кругами начал спускаться орлан из-под облаков и, (сесть) спокойно на землю, тотчас унял спор и драку между воронами, (приняться) сам доедать остаток рыбы. 4. Обиженные вороны сидели вокруг, каркали, не (сметь) подступить к суровому царю [орлану-белохвосту], и только изредка урывали сзади небольшие кусочки. 5. (Оставить) деревню Никольскую, я поплыл вниз по реке. 6. (Извиваться) змеёю, бежит огненная струя и вдруг, (встречать) массы более сухой и высокой травы, вспыхивает ярким пламенем и опять движется далее узкой лентой. 7. (Подняться) с восходом солнца и (указать) направление, по которому нужно идти, мы отправились с товари-

щем вперёд. Между тем солдаты, (завьючить) лошадей, отправляясь вслед за нами шли не (торопиться), (выбирать) по возможности сухие и лучшие места.

(Н. Пржевальский)

Задание 11. Выпишите из текста деепричастия, поставьте в них ударение и объясните его постановку. Прочитайте текст вслух.

Григорий лежал, широко раскинув ноги, опираясь на локти, и жадными глазами озирал повитую солнечной дымкой степь, синеющие на дальнем гребне сторожевые курганы, переливающееся текучее марево на грани склона...

Странное чувство отрешения и успокоенности испытывал он, прижимаясь телом к жёсткой земле. Это было знакомое ему чувство. Оно всегда приходило после пережитой тревоги, и тогда Григорий как бы заново видел всё окружающее.

(М. Шолохов)

Задание 12. Перепишите, заменяя придаточную часть сложного предложения деепричастным оборотом или одиночным деепричастием. Поставьте ударение в деепричастиях и прочитайте предложения вслух.

Образец Верховой, когда поравня́лся с возом, осадил лошадь. — Верховой, поравня́вшись с возом, осадил лошадь.

1. Мы решили отдохнуть, когда подошли к опушке леса. 2. Ваня, *как только* проснётся, быстро вскакивает с постели и делает зарядку. 3. Василиса Егоровна оставила меня в покое, потому что видела моё упрямство. 4. Если утомитесь, сделайте небольшой перерыв в занятиях.

Задание 13. Поставьте ударение в деепричастиях и прочитайте текст вслух.

Он отошёл к барьеру, притопнул и, не спеша, побежал, с прижатыми к груди локтями; так он обогнул всю арену, не совершив ничего особенного. Но со второго круга раздались возгласы: «Смотрите, смотрите». Оба главных прохода набились зрителями: высыпали все служащие и артисты. Шаги бегущего исказились, уже двигался он гигантскими прыжками, без видимых для того усилий; его ноги, легко трогая землю, казалось, не поспевают за неудержимым стремлением тела; уже несколько раз он в течение прыжка просто перебирал ими в воздухе, как бы отталкивая пустоту. Так мчался он, совершив круг, затем, пробежав обыкновенным манером некоторое расстояние, быстро поднялся вверх на высоту роста и замер, остановившись в воздухе как на незримом столбе.

(А. Грин)

БЕЗУДАРНЫЕ И СЛАБОУДАРЯЕМЫЕ СЛОВА[1]

Задание 1. Поставьте ударение, прочитайте.

На окне, под столом, над городом, ко мне, за границей, со снегом, скажи-ка, кто-то, она же, мать ведь, не знал, не видела, ни с чем, не с чего, не был, где бы то ни было, не к кому, да дай же, ну пойдём.

К безударным словам относятся:

◇ односложные предлоги, частицы **да** и **ну**: Да пойди́ туда́! Ну дава́й быстре́е!

◇ частица **ни** в отрицательных местоимениях с предлогом: ни к кому́, ни за ке́м.

К ударным словам относятся:

◇ предлоги **на, за, из, по, под, без** в некоторых сочетаниях (причём следующие за ними существительные произносятся без ударения): на́ год, за́ угол, по́д гору, по́ полю, и́з лесу, бе́з году;

◇ частицы **не, ни** в сочетаниях: не́ был, не́ было, не́ были, не́ жил, не́ дал; как бы то ни́ было, где бы то ни́ было;

Кроме форм ж. р.: не была́, не жила́, не дала́;

◇ частица **не** в отрицательных местоимениях с предлогом: не́ с кем, не́ к кому.

К слабоударяемым словам относятся:

◇ двусложные и трёхсложные союзы и предлоги: кроме, между, перед, после, мимо, около, вокруг, если, потому что, который, когда, будто, словно и др.;

◇ глаголы-связки: быть, стать.

---

[1] К безударным словам относится большая часть служебных слов и частиц. Предлоги обычно стоят перед знаменательными словами, а частицы – после, за исключением частиц **не** и **ни**.

$$\boxed{\text{ПРЕДЛОГ}}\quad /\!/\!/\!/\!/\!/\!/$$

Задание 2. Поставьте ударение и прочитайте вслух.

По полу, по лесу, по морю; из лесу, из дому; за город, за год, за зиму, за лето, за ночь, за день, за два, за голову, за уши, за нос, за спину, за ногу, за руку, за волосы; на зиму, на ночь, на год, на день, на ногу, на руку, на стену; под гору, под руку, под ногу; до полу, до ночи, до смерти; без году неделя, без вести пропал.

Задание 3. Прочитайте вслух, следите за сдвигом ударения.

Из дому — из своего дома, по лесу — по всему лесу, за ночь — за целую ночь, за день — за весь день, из лесу — из густого леса, под гору — под крутую гору, под руку — под правую руку.

Задание 4. Перепишите, подчеркните предлоги. Прочитайте предложения вслух, правильно акцентируя предлоги.

1. Отряд вышел (за) вал крепости. 2. На пути был снежный (за) вал. 3. Тропинка (с) пускалась (с) горы. 4. Шумит Арагва (предо) мною. 5. Он был теперь дома и сам писал приказ (о) выступлении (на) завтра. 6. Я желал (по) короче (с) вами (по) знакомиться. 7. Он был одет (по) дорожному. 8. Мы сели (в) троём и (по) ехали. 9. Холодный ключ бьёт (из) (под) камня. 10. Палуба (подо) мной (за) колебалась.

Задание 5. Замените прилагательные существительными с предлогами. Объясните правило постановки ударения. Прочитайте словосочетания вслух.

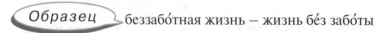 **Образец** беззабо́тная жизнь — жизнь бе́з забо́ты

Подземная дорога, безлунная ночь, безоблачное небо, подводный взрыв, придорожные сосны, нарукавный знак, досрочное выполнение плана, подмосковные вечера, предпраздничный вечер.

Задание 6. Перепишите, раскрывая скобки, употребив существительные в нужном падеже. Прочитайте словосочетания вслух, правильно акцентируя предлоги.

Скучать по (родной город), бродить по (парк и роща), взбираться по (лестница), приехать по (окончание института), возвратиться по (завершение строительства), справиться по (прибытие в столицу), рассказать по (возвращение из командировки), отчитаться по (окончание экспедиции), заплатить по (триста пятьдесят рублей), выиграть по (пятьсот рублей).

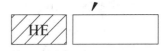

Задание 7. Образуйте форму глагола прошедшего времени мужского рода с частицей **не**, прочитайте вслух, следите за ударением.

Образец — чита́ть — не чита́л

Купить, подготовить, говорить, слышать, быть, приехать, жить, достать, дать, обещать, знать.

Задание 8. Поставьте ударение и прочитайте предложения вслух. Следите за произношением частиц.

1. Она ведь очень просила тебя. 2. Ты хотел бы съездить в Москву? 3. Не ты ли рассказал ему об этом? 4. Ну что же! 5. Какой же вредный! 6. Здесь ли Катя? 7. Так ли это? 8. Сходить бы в ресторан! 9. Да ты не стесняйся! 10. Что же делать? 11. Да замолчи же!

Задание 9. Поставьте ударение, прочитайте сочетания вслух, составьте с ними предложения.

Не на кого – ни на кого, не для кого – ни для кого, не за кем – ни за кем, не к кому – ни к кому, не с кем – ни с кем, не от кого – ни от кого, не у кого – ни у кого.

Задание 10. Прочитайте предложения, обратите внимание на случаи ударного произношения частиц **не** и **ни**.

1. Олег там не был. 2. Мы там не были. 3. Никого вокруг не было. 4. Пётр не дал ей книгу. 5. Брату не дали отпуск. 6. Мой отец никогда там не жил. 7. Родители не жили в этом городе. 8. Как бы то ни было, вы должны закончить работу вовремя. 9. Где бы ты ни был, всегда помни о родном доме.

Задание 11. Поставьте ударение, прочитайте предложения вслух, правильно акцентируя частицы.

1. Я тебе не любимый, не друг, не сосед, просто старый знакомый теперь. 2. Срок прошёл не большой и не малый с той поры, как вели мы бои. 3. В недалёкой тени непроглядных ветвей и сверкает, и плещется ключ. 4. Он не красив, он не высок; но взор горит, любовь сулит. 5. Как бы ни был красив Шираз, он не лучше рязанских раздолий. 6. Не напрасно дули ветры, не напрасно шла гроза. Кто-то тайным тихим светом напоил мои глаза. 7. Но некому мне шляпой поклониться, ни в чьих глазах не нахожу приют.

СЛАБОУДАРЯЕМЫЕ СЛОВА

Задание 12. Прочитайте предложения. Какие из выделенных слов имеют сильное ударение, а какие – слабое?

а) 1. Спортсмен промчался **мимо**. – Спортсмен промчался **мимо** трибуны. 2. Парк находится **напротив**. – Парк находится **напротив** цирка. 3. Все собрались **вокруг**. — Все собрались **вокруг** отца. 4. Встань **рядом**! — Встань **рядом** со мной! 5. Ветер дул **навстречу**. — Он бросился **навстречу** матери.

б) 1. Ветер дул **навстречу**. — Дым багровый клубами всходит к небесам **навстречу** утренним лучам. 2. Топот быстрых ног почудился ему **сзади**. — **Сзади** него тяжело шёл рослый бритый человек. 3. Все боязливо стали осматриваться **вокруг**. — Детские звонкие голоса раздавались **вокруг** саней. 4. **Благодаря** хозяйку, мы стали прощаться. — **Благодаря** беседам с вами я узнал много нового.

Задание 13. Подчеркните безударные и слабоударяемые слова, объясните постановку ударения в них. Прочитайте стихотворения вслух.

***

Среди рассеянной Москвы,
При толках виста и бостона,
При бальном лепете молвы
Ты любишь игры Аполлона.

(А. Пушкин)

***

Скоро ль будет гостья дорогая,
Скоро ли луга позеленеют,
Скоро ль у кудрявой у берёзы
Распустятся клейкие листочки...

(А. Пушкин)

***

Глядит, хорошо ли метели
Лесные тропы занесли;
И нет ли где трещины, щели;
И нет ли где голой земли.
Пушисты ли сосен вершины,
Красив ли узор на дубах,
И крепко ли скованы льдины
В великих и малых водах.

(Н. Некрасов)

Учебная карта 6

Безударные и слабоударяемые слова

ОПЕРАЦИОНАЛЬНЫЙ СОСТАВ

ЧАСТЬ РЕЧИ: частица, предлог, союз.
УДАРЕНИЕ: на предлоге, на частице, на союзе, на знаменательных частях речи.

Безударные	Ударные	Слабоударяемые
Односложные предлоги, частицы. Частица **ни** в отрицательных местоимениях с предлогом	Предлоги: **на, за, из, по, под, без** в некоторых сочетаниях. Частицы **не, ни** в сочетаниях нé был, нé было, нé были, нé жил; как бы то ни было, где бы то ни было. Частица **не** в отрицательных местоимениях с предлогом: нé с кем, нé к кому	Двусложные и трёхсложные союзы и предлоги: кроме, между, перед, после, мимо, около, вокруг, если, потому что, который, когда, будто, словно и др. Глаголы-связки: быть, стать.

Повторение

Задание 14. Перепишите предложения, выбирая из предлогов, данных в скобках, подходящий по смыслу. Прочитайте предложения вслух, правильно акцентируя предлоги.

1. Старичок добродушно посматривал ... свои круглые очки. — Собака перебежала ... улицу (сквозь, через). 2. Сестра учится ... курсах иностранных языков, а брат ... машиностроительном институте (в, на). 3. ... кроватями стояла тумбочка. — Избушка дровосека стояла ... густого леса (между, среди). 4. Сергей не пришёл в школу ... болезни. — Я купил очень интересные книги ... вашему совету (благодаря, из-за). 5. Елена Сергеевна постоянно беспокоилась ... сына Валерия. — Она тревожилась ... здоровье сына (за, о). 6. Прошлым летом ... Крыму была очень жаркая и сухая погода, а ... Кавказе шли дожди (в, на). 7. Мы вчера были ... театре. — Через неделю мы пойдём ... концерт ... консерваторию (на, в). 8. Я живу ... Столешниковом переулке, а мой товарищ ... улице Горького (в, на).

Задание 15. Поставьте на месте пропусков подходящие предлоги
а) места;
б) времени;
в) причины.
Прочитайте предложения вслух, следите за ударением.

а)

1. Василий Васильевич стоял ... двери. 2. Самолёт летел ... облаками. 3. Летом Петя уезжал ... деревню, а Наташа ... дачу. 4. ... соснами было много шишек. 5. ... камня вытекал прозрачный ручеёк. 6. ... маленькое сибирское село, расположенное ... дремучих лесов, летели телеграммы и письма.

б)

1. ... ночь снег растаял. 2. ... ужина доктор вышел на террасу. 3. ... утра ... ночи лили дожди. 4. ... окончания курсов Николай стал работать программистом. 5. Отец обещал вернуться из города ... шести часов вечера. 6. ... двух месяцев не было ни одного дождя.

в)

1. ... испуга Наташа побледнела. 2. Он писал стихи, но ... самолюбия никому их не показывал. 3. ... духоты и шума заболела голова. 4. Сергей не пришёл на тренировку ... уважительной причине. 5. ... недостатка влаги растения развивались медленно.

Задание 16. Перепишите, раскрывая скобки. Вставьте пропущенные буквы. Поставьте ударение и прочитайте текст вслух, правильно акцентируя частицы.

Настоящее имя этого человека было Евграф Иванов; но (н...) кто во всём околотке (н...) звал его иначе, как Обалдуем. И действительно, это прозвище как (н...) льзя лучше шло к его (н...) значительным, вечно встревоженным чертам. Он (н...) умел (н...) петь, (н...) плясать, (от) роду (н...) сказал (н...) только умного, даже путного слова. Моргач (н...) сколько (н...) походил на Обалдуя. К нему то (же) шло название Моргача, хотя он глазами (н...) моргал более других людей. (Н...) смотря на моё старание выведать (по) обстоятельнее прошедшее этого человека, в жизни его для меня остались тёмные пятна. Это человек опытный, себе на уме, (н...) злой и (н...) добрый, а более расчётливый. Он осторожен и в то (же) время предприимчив, как лисица. Я (н...) когда (н...) видывал более проницательных и умных глаз, чем его крошечные, лукавые «гляделки». Они (н...) когда (н...) смотрят прямо — всё высматривают да подсматривают. Его (н...) любят, потому что ему самому (н...) (до) кого дела нет.

(И. Тургенев)

Задание 17. Перепишите, раскрывая скобки. В неопределённых и отрицательных местоимениях с частицей **не** или **ни** поставьте ударение. Прочитайте предложения вслух.

1. Дышать уже (не, ни) чем. 2. Больше говорить было (не, ни) (о) чем. 3. Торопиться было (не, ни) (к) чему. 4. Молчали, потому что (не, ни) чего было сообщить друг другу. 5. Гость был (не, ни) кто другой, как наш почтенный Павел Иванович Чичиков. 6. Я привык (не, ни) (в) чём не отступать от гражданских законов. 7. (Не, ни) чего не было в ней ужасного. 8. (Не, ни) перед кем не побоялась бы она обнаружить своих мыслей, и (не, ни) какая сила не могла бы её заставить молчать, когда ей хотелось говорить.

Задание 18. Перепишите, раскрывая скобки. Поставьте ударение и прочитайте текст вслух.

Увлёкшись преследованием диких кабанов, я заблудился. Приближалась ночь, и стал накрапывать дождь. За лесом (не, ни) чего не было видно. Я (не, ни) сколько раз выстрелил в воздух, но (не, ни) получил (не, ни) каких ответных сигналов. В темноте я залез в такой бурелом, из которого и днём-то не скоро выберешься. Однако я ухитрился выбраться из этого лабиринта. Вдруг послышался треск ломаемых сучьев и чьё-то прерывистое дыхание. Какой-то зверь бежал мне навстречу. Кем бы он мог оказаться? Я хотел стрелять, но винтовка зацепилась за лианы. Я вскрикнул (не, ни) своим голосом и в этот момент почувствовал, как животное лизнуло меня. Возвратилась моя собака Леший. Она осторожно взяла зубами мою руку и стала тихонько визжать, как бы прося не задерживаться. Перейдя вброд горный поток, я (не, ни) (за) что не нашёл бы тропу, если бы не Леший. Собака сидела на самой дороге и ждала меня. Затем она снова побежала вперёд. Тропа вывела меня на дорогу.

(В. Арсеньев)

Ключи

Ударение в именах существительных

Задание 2.

Приставка		Корень		Суффикс		Окончание	
вы́нос	А	у по́езда	Б	медикаме́нт	А	угло́м	Б
вы́ход	А	учи́тель	А	котёнок	А	отца́	Б
		забе́г	А	англича́нин	А	орлу́	Б
		перено́с	А	команди́р	А	паспорта́ми	Б
				машини́ст	А	на острова́х	Б
				коменда́нт	А	в саду́	Б
				рыба́к	Б	города́	Б
				слова́рь	Б	на мосту́	Б
				грузи́н	А		
				адреса́т	А		
				скрипа́ч	Б		
				торга́ш	Б		
				москви́ч	Б		
				краса́вец	А		
				рафина́д	Б		
				тигря́та	А		
				маркси́зм	А		
				коллекционе́р	А		
				типа́ж	А		
				компаньо́н	А		

Задание 3.

Вы́ход, захо́д, дохо́д, отхо́д, прихо́д, прохо́д, перехо́д; зака́з, пока́з, отка́з, прика́з; залёт, полёт, отлёт, прилёт, пролёт, перелёт; доли́в, поли́в, отли́в, прили́в, проли́в, перели́в; вы́бор, забо́р, отбо́р, прибо́р, пробо́р, перебо́р.

Задание 4.

Вы́бор; вы́ход; вы́лет.

Задание 5.

1. Набо́р; 2. отка́за; 3. зали́в; 4. пробо́р; 5. перехо́ду.

Задание 7.

Волк с волчо́нком, гусь с гусёнком, заяц с зайчо́нком, коза с козлёнком, корова с телёнком, кошка с котёнком, курица с цыплёнком, лев со львёнком, лиса с лисёнком, овца с ягнёнком, слон со слонёнком, тигр с тигрёнком, утка с утёнком.

Задание 8.

1. Лися́та; 2. мыша́та; 3. зайча́та; 4. волча́та; 5. жеребя́та; 6. цыпля́та.

Задание 9.

Земляка́, столяра́, календаря́, шалаша́, кулича́, скрипача́.

Задание 10.

Голоса́, города́, вечера́, берега́, купола́, номера́, острова́, паруса́, паспорта́, поезда́, округа́, дома́, края́, леса́, луга́, рога́, бока́, снега́, сорта́.

Задание 11.

1. Города́ — го́рода; 2. о́строва — острова́; 3. поезда́ — по́езда; 4. до́ктора — доктора́; 5. холода́ — хо́лода.

Задание 12.

На боку́ (в боку́), на ветру́, в долгу́, на краю́, в лесу́, на лугу́, на мосту́, на носу́ (в носу́), на посту́, в ряду́, в саду́, в стогу́, на ходу́, в шкафу́ (на шкафу́).

Задание 13.

Посо́л — посла́ — послы́, у́гол — угла́ — углы́, продаве́ц — продавца́ — продавцы́, потоло́к — потолка́ — потолки́, песо́к — песка́ — пески́, дворе́ц — дворца́ — дворцы́, порошо́к — порошка́ — порошки́, кусо́к — куска́ — куски́.

Задание 18.

Корень		Суффикс		Окончание	
бума́ги	А	переэкзамено́вка	А	у сестры́	Б
доро́гам	А	рецепту́ра	А	на площадя́х	Б
стра́ны	Б	хитрю́га	А	статьи́	А
ру́ку	Б	колонна́да	А	новизна́	А
ме́бель	А	капе́ль	А	простота́	А
зи́мы	Б			областе́й	Б
го́лову	Б			о смертя́х	Б
				мелоче́й	Б
				беготня́	А

Задание 21.

Во́ды, во́йны, гла́вы, гро́зы, ду́ши, жёны, зи́мы, зе́мли, и́глы, и́гры, ли́сы, мётлы, но́ги, ре́ки, ру́ки, се́мьи, сёстры, спи́ны, сте́ны, стра́ны, су́дьбы, тра́вы, тру́бы, це́ны.

Задание 23.

1. Во́ду; 2. бо́роду; 3. на́ землю; 4. на́ стену; 5. щёку; 6. до́ску; 7. зи́му; 8. на́ голову; 9. на́ ногу.

Задание 28.

Корень		Суффикс		Окончание	
пра́вило	А	управле́ние	А	племена́ми	Б
ко́льцам	Б	серде́чко	А	уша́ми	Б
пе́рвенство	А	страда́ние	А	времена́	Б
дове́рие	А	письми́шко	А	дела́	Б
весе́лье	А	жили́ще	А	оче́й	Б
бога́тство	А				
сле́дствие	А				
со́лнышко	А				
пе́рья	Б				
разви́тие	А				
я́блоко	А				
прави́тельство	А				

Задание 30.

Направле́ние, объедине́ние, поздравле́ние, страда́ние, сверже́ние, стремле́ние, торможе́ние, угнете́ние, указа́ние.

Задание 32.

Дела́, моря́, места́, права́, поля́, слова́, сердца́, тела́.

Задание 34.

Времена́м, племена́м, семена́м, знамёнам, стремена́м.

Задание 35.

Бедро́ – бёдра, ведро́ – вёдра, гнездо́ – гнёзда, зерно́ – зёрна, лицо́ – ли́ца, окно́ – о́кна, письмо́ – пи́сьма, пятно́ – пя́тна, ребро́ – рёбра, село́ – сёла, число́ – чи́сла, яйцо́ – я́йца.

Задание 37.

1. Окна – у окна́; 2. пи́сьма – письма́; 3. мо́ря – моря́; 4. лица́ – ли́ца; 5. пя́тна – пятна́.

Задание 40.

1. Дорого́й – доро́гой; 2. за́мку – замку́; 3. мо́ю – мою́; 4. по́лки – полки́; 5. село́ – се́ло; 6. во́ду – воды́ – во́ды; 7. руки́ – ру́ки – руко́й – ру́ку – ру́ку – за́ руку; 8. пи́сьма – письмо́ – пи́сьма – у письма́; 9. я́йца – яйцо́ – на я́йцах – яи́ц; 10. па́спорта – паспорта́ – с паспорта́ми – в па́спорте; 11. в лесу́ – ле́са – леса́ – леса́х; 12. орло́в – орлы́ – орлы́ – орла́; 13. веще́й – веща́м – ве́щи – ве́щью.

Задание 41.

Паспорта́, договора́, доктора́, вы́боры, офице́ры, профессора́, директора́, повара́, сорта́, катера́.

Задание 42.

1. Про́воды – провода́; 2. про́пуски – пропуска́; 3. счёты – счета́; 4. ли́стья – листы́; 5. зу́бы – зу́бья; 6. цвета́ – цветы́; 7. учителя́.

Задание 43.

1. До вре́мени, се́мени; 2. и́мени; 3. вре́мени; 4. знамёна; 5. пла́менем; 6. семя́н; 7. из стре́мени; 8. зна́менем.

Ударение в именах прилагательных

Задание 2.

Корень		Суффикс		Окончание	
ста́рый	Б	вино́вный	А	золото́й	А
у́зкий	А	трудолюби́вый	А	худо́й	А
поле́зен	А	синева́тый	А	прямо́й	А
зво́нче	А	серди́тый	А	мила́	Б
узо́рчатый	А	пенсио́нный	А	дорога́	Б
дру́жен	Б	рога́тый	А	кругла́	Б
стара́тельный	А	краси́вее	А	добры́	Б
бе́ленький	А	крепча́йший	А	молода́	Б
сы́ты	Б			остра́	Б
тала́нтливый	А				
студе́нческий	А				
мла́дший	А				
бо́лен	Б				
хо́лост	Б				

Задание 3.

Пре́жний, сре́дний, основно́й, морско́й, правово́й, зи́мний, ни́жний, у́тренний, слепо́й, глухо́й, кра́йний, ве́рхний, больно́й, прямо́й, чужо́й.

Задание 5.

Звери́ный, соловьи́ный, будди́йский, англи́йский, больни́чный, клубни́чный, вихра́стый, скула́стый, ядови́тый, плодови́тый, грубова́тый, низкова́тый, белова́тый, дыря́вый, кудря́вый, бродя́чий, вино́вный, энерги́чный, истори́ческий, прогресси́вный, национа́льный, дискуссио́нный, италья́нский, авиацио́нный, революцио́нный, рога́тый, элемента́рный.

Задание 7.

Свинцо́вый, парчо́вый, си́тцевый, песцо́вый, грошо́вый, камышо́вый, гру́шевый, плю́шевый, изразцо́вый, гля́нцевый, холщо́вый, вещево́й;
дове́рчивый, расчётливый, услу́жливый, заду́мчивый, изме́нчивый, усто́йчивый, засу́шливый, уго́дливый, увёртливый, укло́нчивый, поня́тливый;
полево́й, боево́й, огнево́й, лени́вый, спеси́вый, лжи́вый, черви́вый, я́блоневый, отраслево́й, ни́келевый;
бреве́нчатый, взры́вчатый, узо́рчатый, весну́шчатый, рассы́пчатый, кле́тчатый, ре́пчатый.

Задание 8.

Беле́е, приве́тливее, веселе́е, важне́е, поле́знее, поня́тнее, миле́е, кругле́е, краси́вее, длинне́е, ужа́снее.

Задание 9.

Да́льше, ти́ше, гро́мче, ни́же, вы́ше, у́же, ши́ре.

Задание 10.

Глубоча́йший, звонча́йший, крепча́йший, легча́йший, мягча́йший, нижа́йший, тиша́йший, широча́йший, ярча́йший.

Задание 11.

Густа́, горька́, весела́, близка́, дружна́, дорога́, права́, молода́, крепка́, редка́, пуста́, тесна́, сыта́, холодна́.

Задание 13.

До́рог, мо́лод, ра́звит, хо́лост.

Задание 18.

Бедна́, глупа́, весела́, хороша́, вкусна́, сыта́, жива́, молода́, тесна́, горда́, крепка́.

Задание 21.

1. Летний день длинне́е зимнего. 2. Железо ле́гче золота. 3. Свинец мя́гче меди. 4. Кавказские горы ни́же Гималайских. 5. Левый берег кру́че правого. 6. Ока ши́ре реки Москвы.

Задание 22.

а) Интере́снейший рассказ, краси́вейший пейзаж, сильне́йший удар;
б) глубоча́йший колодец, кратча́йший путь, редча́йший металл, легча́йший вес, строжа́йший порядок, тонча́йший волосок.

Задание 23.

1. Зле́йший; 2. высоча́йшие; 3. круте́йшему; 4. трудне́йшему; 5. беззащи́тнейшее.

Задание 24.

1. Си́льны; 2. дика́ и вели́чественна; 3. до́бры и приве́тливы; 4. пра́вы; 5. споко́йна, гладка́ и ясна́; 6. гру́стны; 7. я́сно, по́лно; 8. зно́йны, су́хи; 9. свежа́ и прекра́сна; 10. мо́лоды, бы́стры, бо́дры и ве́селы; 11. си́лен (силён) и жгуч.

Ударение в глаголах и глагольных формах

Ударение в глаголах

Задание 2.

Приставка		Корень		Суффикс		Окончание	
вы́скочишь	А	запи́сывать	А	завоёвываю	А	звала́	Б
за́дал	Б	дости́гнул	А	механизи́ровать	А	поняла́	Б
на́нял	Б	приве́тствовал	А	блесну́ть	А	встаёшь	А
		со́хнуть	А	плани́ровала	А	дала́	Б
		стере́чь	А	ползти́	А		
		выхо́дит	Б	выбега́ет	А		
		лечи́л	Б	дава́ть	А		
				нести́	А		

Задание 3.

Вы́нести, вы́йти, вы́лезти, вы́дать, вы́ходить, вы́ехать, вы́расти, вы́бежать, вы́разить, вы́везти, вы́рвать, вы́скочить.

Задание 4.

1. Выбега́ла; 2. вы́рос (вы́растет); 3. выходи́ла; 4. выходи́ла; 5. выдаёт (выдава́л); 6. вылеза́ла (вылеза́ет); 7. вылета́ет (вы́летел, вы́летит); 8. выво́зим; 9. выража́ть; 10. вырыва́ть.

Задание 6.

Зака́нчивать, устра́ивать, расска́зывать, перечи́тывать, рассма́тривать, спосо́бствовать, сле́пнуть, мо́кнуть.

Задание 7.

1. Просма́тривает; 2. зло́бствует; 3. запи́сывает; 4. со́хнет; 5. приве́тствует; 6. сле́пнем.

Задание 8.

Блесну́л — блесну́ла, вздохну́л — вздохну́ла, зачеркну́л — зачеркну́ла, махну́л — махну́ла, рискну́л — рискну́ла, толкну́л — толкну́ла.

Задание 10.

Газифици́ровать, индустриализи́ровать, коллективизи́ровать, коопери́ровать, ликвиди́ровать, рационализи́ровать, стабилизи́ровать, электрифици́ровать.

Задание 11.

Концентри́ровать — собира́ть, реставри́ровать — ремонти́ровать, аннули́ровать — отменя́ть, форси́ровать — ускоря́ть, мотиви́ровать — объясня́ть, фальсифици́ровать — подде́лывать, ориенти́роваться — осво́иться; ирониз́ировать — насмеха́ться.

Задание 12.

Нести́, расползти́сь, везти́, идти́, цвести́, вести́.

Задание 14.

1. Шага́л – марширова́л; 2. корректи́ровали – исправля́ли; 3. гармони́ровала – соотве́тствовало; 4. пренебрега́ли – игнори́ровала.

Задание 15.

1. Реши́ли, бы́ло, спа́ло, занима́лась, подня́лось, поду́л, гнал, покры́лось, начала́сь, по́няли, реши́ли.

2. Жила́, брала́, взяла́, дала́.

Задание 16.

Вступа́ла, ве́ял, гре́ло, та́яло, подмора́живало, стели́лся, слы́шалось, покрыва́лись, гото́вились, встреча́ли, разноси́лись.

Задание 18.

1. Шла; 2. бежа́ли; 3. бро́силась; 4. несла́сь; 5. дви́галась; 6. по́лзала.

Задание 20.

Окре́п – окре́пла, дости́г – дости́гла, махну́л – махну́ла, сверкну́л – сверкну́ла, огло́х – огло́хла, рискну́л – рискну́ла, косну́лся – косну́лась, осле́п – осле́пла, зачеркну́л –зачеркну́ла, умо́лк – умо́лкла, качну́лся – качну́лась, просну́лся – просну́лась, намо́к – намо́кла, вздохну́л – вздохну́ла, поме́рк – поме́ркла, блесну́л – блесну́ла, подчеркну́л – подчеркну́ла, сомкну́л – сомкну́ла, толкну́л – толкну́ла.

Задание 22.

Выла́вливать, выма́тывать, остана́вливать, запра́шивать, надла́мывать, ста́лкивать, проска́кивать, выка́пывать, зака́нчивать, высма́тривать, затра́гивать, обраба́тывать, осва́ивать, оспа́ривать, успока́ивать, застра́ивать, оздора́вливать, облока́чиваться.

Задание 23.

Горева́ть — печа́литься, угоща́ть — по́тчевать, умаля́ть — уменьша́ть, предупреди́ть — предвари́ть, управля́ть — кома́ндовать, ре́ять — развева́ться, умоля́ть — упра́шивать, притаи́ться — спря́таться.

Задание 24.

Идти́, ходи́ть, дви́гаться, ступа́ть, шага́ть, направля́ться, сле́довать, ше́ствовать, маршировать.	движение вообще
Брести́, тащи́ться, плести́сь, тяну́ться, ковыля́ть, семени́ть, кара́бкаться, ползти́.	медленное движение
Гуля́ть, слоня́ться, расха́живать, шата́ться, шля́ться, шныря́ть, флани́ровать.	движение на ограниченном, определённом месте
Броди́ть, блужда́ть, скита́ться, стра́нствовать, путеше́ствовать, таска́ться.	движение на более широком пространстве
Бро́ситься, ки́нуться, ри́нуться, метну́ться, устреми́ться.	быстрое движение

Ударение в причастиях

Задание 2.

Постоянное ударение	Сдвиг ударения
пи́шущий	принёсший
лю́бящий	про́жито
купи́вший	прочи́танный
мы́слимы	взята́
покупа́емый	по́днятый
зарабо́танный	принята́ ,
задви́нутый	со́мкнутый
	со́здан
	на́чато

Задание 3.

Говори́вший, спо́ривший, переводи́вший, зна́вший, держа́вший, ви́девший, смотре́вший, отве́тивший, ко́нчивший, победи́вший, замени́вший, повтори́вший.

Задание 4.

Храни́мый, чи́стимый, дари́мый, люби́мый, излечи́мый, говори́мый, разоблача́емый, ви́димый, слы́шимый.

Задание 5.

Сде́ланный, поре́занный, подде́ланный, вы́полненный, прослу́шанный, доба́вленный, стри́женный, тка́нный, кра́шенный.

Задание 6.

Иссле́женным, осыпа́ющимся, протяну́вшуюся, откры́того, ду́ющим, свали́вшиеся, нави́сшей, сверка́ющем, окружа́ющему, нагру́женная, стро́ящейся.

Задание 7.

Крича́т — крича́щий, молча́т — молча́щий, обе́дают — обе́дающий, пи́шут — пи́шущий, старе́ют — старе́ющий, покупа́ют — покупа́ющий, спо́рят — спо́рящий, отвеча́ют — отвеча́ющий, смею́тся — смею́щийся, занима́ются — занима́ющийся, говоря́т — говоря́щий.

Задание 8.

Вспомина́ем — вспомина́емый, забыва́ем — забыва́емый, посыла́ем — посыла́емый, атаку́ем — атаку́емый, чита́ем — чита́емый, выполня́ем — выполня́емый, переска́зываем — переска́зываемый, зака́нчиваем — зака́нчиваемый, просма́триваем — просма́триваемый.

Задание 9.

Штормя́щим и заходя́щим, стро́ящемся, неи́стовствующую, промча́вшемся, возврати́вшимся, взбира́ющимся, верну́вшемуся, забежа́вшего.

Задание 10.

Снял — сня́тый, пропе́л — пропе́тый, поби́л — поби́тый, примя́л — примя́тый, задви́нул — задви́нутый, просу́нул — просу́нутый, вы́тянул — вы́тянутый, сдви́нул — сдви́нутый, опроки́нул — опроки́нутый.

Задание 11.

Ве́дший, по́лзший, тря́сший, вёзший.

Задание 12.

а) Прочи́танный, расска́занный, со́зданный, обстре́лянный, зала́сканный;
б) за́ткнутый, застёгнутый, обо́гнутый, зачёркнутый.

Задание 13.

Взят — взята́, на́чат — начата́, при́нят — принята́, про́жит — прожита́, внесён — внесена́, испечён — испечена́, заключён — заключена́, решён — решена́, просвещён — просвещена́, внедрён — внедрена́.

Задание 15.

Удивляться заде́рживающемуся наступлению весны, остановить внимание на приближа́ющемся троллейбусе, уделять внимание располага́ющимся на отдых туристам, восхищаться расстила́ющейся степью, тормозить развива́ющуюся промышленность, комментировать происходя́щие события, встретить возвраща́ющуюся экспедицию, страшиться надвига́ющегося урагана, благодарить приветливо улыба́ющуюся хозяйку.

Задание 16.

1. Несу́щей; 2. занесённой; 3. разукра́шенную; 4. разгоре́вшимися; 5. пробива́вшемся.

Задание 17.

1. Пресле́довавшие; 2. укреплённые; 3. та́ющего; 4. обстре́лянная; 5. золоте́ющем, задева́ющих; 6. подстре́ленных; 7. заходя́щего, откры́вшаяся.

Ударение в деепричастиях

Задание 2.

Корень	Суффикс
ненави́дя	рису́я
пры́гнув	входя́
приня́в	добива́ясь
	верну́вшись
	игра́ючи
	сообщи́в
	поверну́вшись
	держа́
	поборо́вшись
	поучи́в
	шутя́

Задание 4.

Крича́, грохоча́, пропове́дуя, тормозя́, загля́дывая, признава́я, визжа́, ме́тя, волну́ясь, дыша́, стрекоча́, свирепе́я, достава́я, дава́я, налива́я, узнава́я, подчёркивая, чита́я, говоря́, смотря́, обеща́я, ловя́, отдыха́я.

Задание 5.

Посмотре́в, пове́рив, позвони́в, нагну́вшись, перечита́в, рассказа́в, сообщи́в, верну́вшись, написа́в, победи́в, узна́в, познако́мившись, пры́гнув, пробежа́в, сде́лав, встре́тившись, обману́в, прие́хав, посмотре́в, взяв, получи́в, отпра́вив, рассчита́вшись.

Задание 6.

1. Мальчик, проигра́в две партии в шахматы, очень огорчился. 2. Молодой художник, нарисова́в картину, показал её профессору. 3. Комиссия, прове́рив работу кружков, сделала ряд указаний. 4. Мальчик, увлёкшись чтением, не заметил, как наступил вечер. 5. Ребята, вы́купавшись в реке, загорали на солнце. 6. Всадник, поравня́вшись с нами, спрыгнул с коня.

Задание 7.

1. Умы́в – умы́вшись; 2. встре́тившись – встре́тив; 3. подня́в – подня́вшись; 4. прижа́в – прижа́вшись.

Задание 8.

1. б; 2. а; 3. б; 4. а; 5. а.

Задание 10.

1. Напи́вшись; 2. вы́брав; 3. сев, приня́вшись; 4. не сме́я; 5. оста́вив; 6. извива́ясь, встреча́я; 7. подня́вшись, указа́в, завью́чив, не торопя́сь, выбира́я.

Задание 12.

1. Подойдя́; 2. просну́вшись; 3. ви́дя; 4. утоми́вшись.

Безударные и слабоударяемые слова

Задание 1.

На окне́, под столо́м, над го́родом, ко мне́, за грани́цей, со сне́гом, скажи́-ка, кто́-то, она́ же, ма́ть ведь, не зна́л, не ви́дела, ни с че́м, не́ с чего, не́ был, где бы то ни́ было, не́ к кому, да да́й же, ну пойдём.

Задание 3.

Из дому – из своего́ до́ма, по́ лесу – по всему́ ле́су, за́ ночь – за це́лую ночь, за́ день – за весь де́нь, и́з лесу – из густо́го ле́са, по́д гору – под круту́ю го́ру, по́д руку – под пра́вую ру́ку.

Задание 4.

1. Отряд вышел за вал крепости. 2. На пути был снежный завал. 3. Тропинка спускалась с горы. 4. Шумит Арагва предо мною. 5. Он был теперь дома и сам писал приказ о выступлении назавтра. 6. Я желал покороче с вами позна-

комиться. 7. Он был одет по-дорожному. 8. Мы сели втроём и поехали. 9. Холодный ключ бьёт из-под камня. 10. Палуба подо мной заколебалась.

Задание 5.

Доро́га под землёй, ночь без луны́, не́бо без облако́в, взрыв под водо́й, со́сны при доро́ге, знак на рукаве́, выполне́ние пла́на до сро́ка, вечера́ под Москво́й, ве́чер перед пра́здником.

Задание 6.

По родно́му го́роду, по па́рку и ро́ще, по ле́стнице, по оконча́нии институ́та, по заверше́нии строи́тельства, по прибы́тии в столи́цу, по возвраще́нии из командиро́вки, по оконча́нии экспеди́ции, по три́ста пятьдеся́т рубле́й, по пятьсо́т рубле́й.

Задание 9.

Не́ на кого – ни на кого́, не́ для кого – ни для кого́, не́ за кем – ни за ке́м, не́ к кому – ни к кому́, не́ с кем – ни с ке́м, не́ от кого – ни от кого́, не́ у кого – ни у кого́.

Задание 10.

1. Олег там не́ был. 2. Мы там не́ были. 3. Никого вокруг не́ было. 4. Пётр не́ дал ей книгу. 5. Брату (не́ дали) отпуск. 6. Мой отец никогда там (не жи́л). 7. Родители не́ жили (не жи́ли) в этом городе. 8. Как бы то ни́ было, вы должны закончить работу вовремя. 9. Где бы ты ни́ был, всегда помни о родном доме.

Задание 14.

1. Сквозь очки – через улицу; 2. на курсах, в институте; 3. между кроватями – среди леса; 4. из-за болезни – благодаря вашему совету; 5. за сына – о здоровье; 6. в Крыму, на Кавказе; 7. в театре – на концерт, в консерваторию; 8. в переулке, на улице.

Задание 15.

а)

1. У двери (около двери); 2. над облаками; 3. в деревню, на дачу; 4. под соснами; 5. из-под камня; 6. в село, близ лесов (среди лесов).

б)

1. За ночь; 2. до ужина (после ужина); 3. с утра до ночи; 4. до окончания (после окончания); 5. к шести часам; 6. около двух месяцев.

в)

1. От испуга; 2. из самолюбия; 3. от духоты; 4. по уважительной причине; 5. из-за недостатка влаги.

Задание 16.

Никто́, не зва́л, нельзя́, незначи́тельным, не уме́л, ни пе́ть, ни пляса́ть, о́троду, не сказа́л, не то́лько, ниско́лько, не походи́л, то́же, не морга́л, несмотря́ на, пообстоя́тельнее, не зло́й и не до́брый, в то же вре́мя, никогда́, не ви́дывал, никогда́, не смо́трят, не лю́бят, ни до кого́.

Задание 17.

1. Не́чем; 2. не́ о чем; 3. ни к чему́; 4. не́чего; 5. никто́; 6. ни в чём; 7. ничего́; 8. ни перед ке́м, никака́я.

Задание 18.

Ничего́, не́сколько, не получи́л, никаки́х, не свои́м го́лосом, ни за что́.

Содержание

Учебное издание

Шутова Марина Николаевна

**Пособие
по обучению русскому ударению
для изучающих русский язык как иностранный**

Редактор *О.В. Варганова*
Корректор *Т.В. Анисимова*
Компьютерная вёрстка *А.Л. Бабабекова*

Подписано в печать 18.12.2012. Формат 70×90/16
Объём 6 п.л. Тираж 1000 экз. Заказ И005.

Издательство ЗАО «Русский язык». Курсы
125047, Москва, ул. 1-я Тверская-Ямская, 18
Тел./факс: (499) 251-08-45; тел.: (499) 250-48-68
e-mail: rkursy@gmail.com; ruskursy@gmail.com;
russkiy_yazyk@mail.ru; ruskursy@mail.ru
www.rus-lang.ru

Отпечатано с готового оригинал-макета издательства в ООО «Мастер Студия»
432071, г. Ульяновск, ул. Марата, д. 8
Тел.: 8(8422) 44-56-08

ДЛЯ ЗАМЕТОК

Любимова Н.А.

ЛИНГВИСТИЧЕСКИЕ ОСНОВЫ ОБУЧЕНИЯ АРТИКУЛЯЦИИ РУССКИХ ЗВУКОВ. ПОСТАНОВКА И КОРРЕКЦИЯ

Книга посвящена лингвистическим основам обучения русскому произношению носителей других языков. Представлено описание системы согласных и гласных звуков русского языка, выполненное на основе данных экспериментальной фонетики. Оно сопровождается методическими рекомендациями и упражнениями на постановку и коррекцию звуков в контексте слов, словосочетаний и фраз. Широко используется зрительная наглядность в виде таблиц и артикуляционных схем.

Пособие предназначено для преподавателей РКИ и студентов.

Битехтина Н.Б., Климова В.Н.

РУССКИЙ ЯЗЫК КАК ИНОСТРАННЫЙ: ФОНЕТИКА

Основная цель пособия — помочь преподавателям или будущим преподавателям РКИ пополнить багаж профессиональных знаний, навыков и умений в области постановки и коррекции произношения и заложить лингвистические основы методики работы над звуковой стороной русской речи в иноязычной аудитории. Для достижения этой цели авторы решают ряд задач, среди которых: рассмотрение теоретических сведений о фонетической системе русского языка; методически ориентированная интерпретация базовых фонетических явлений русского языка; описание типичных черт иноязычного акцента и способов его преодоления; формирование сознательного подхода к овладению артикуляционной базой родного языка путем самоанализа, тренировки и самоконтроля.

В пособие включены вопросы и задания, нацеленные на расширение возможностей артикуляционного аппарата учащегося, развитие самонаблюдения и самоконтроля.